南島叢書98

国境27度線

原井一郎／斉藤日出治／酒井卯作／著

海風社

国境27度線

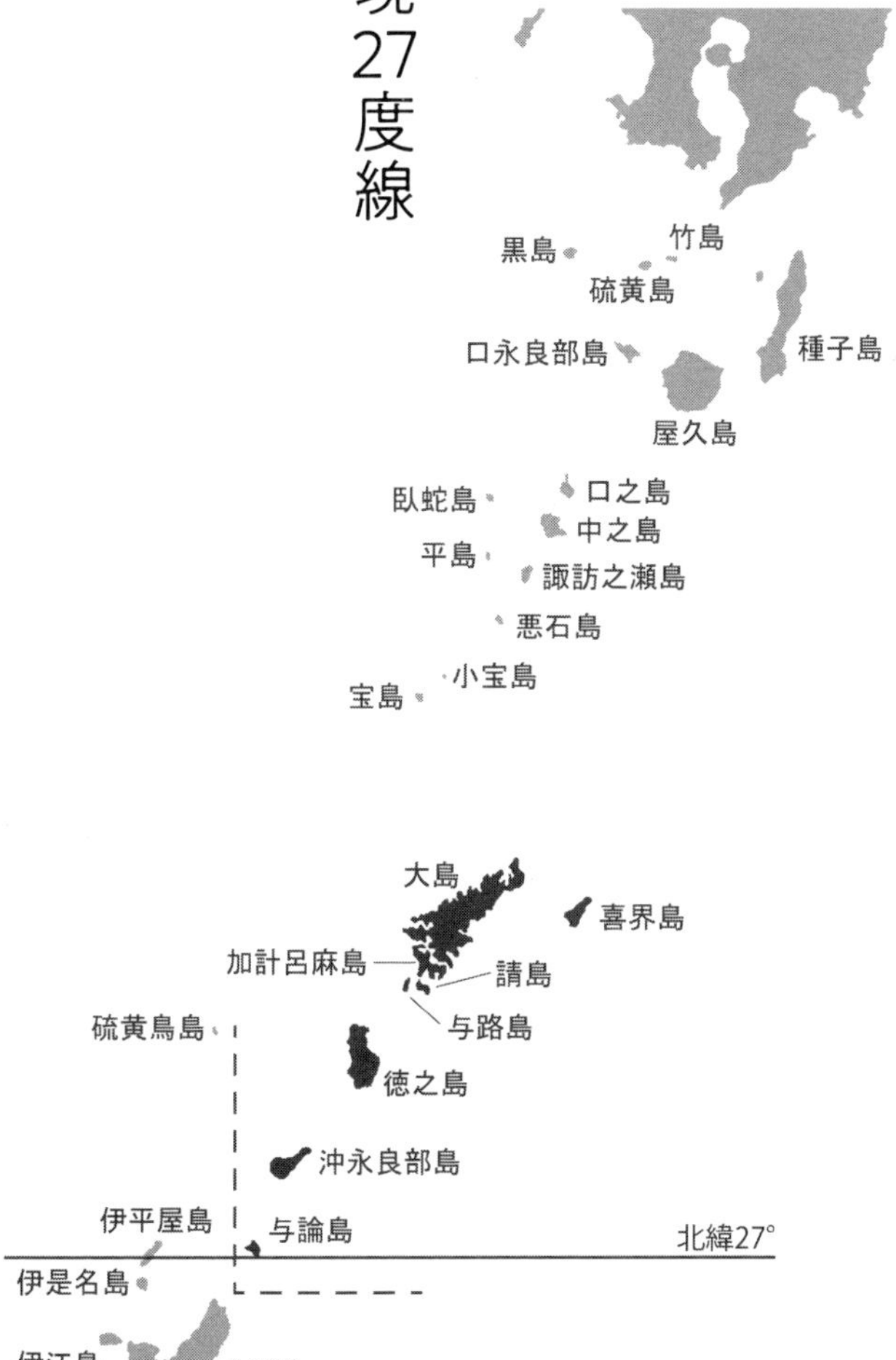
竹島
黒島
硫黄島
口永良部島
種子島
屋久島
臥蛇島
口之島
中之島
平島
諏訪之瀬島
悪石島
小宝島
宝島
大島
喜界島
加計呂麻島
請島
与路島
硫黄鳥島
徳之島
沖永良部島
伊平屋島
与論島
北緯27°
伊是名島
伊江島
沖縄島

目次

国境27度線　**原井一郎**

第五章　政治の季節

斉藤日出治
〈国境線の政治〉をこえて ― 琉球弧民衆の闘い

奄美をめぐって、大和人の不作法

酒井 卯作

まえがき

Ⅰ

ＮＨＫ「紅白歌合戦」が公開放送になった一九五三（昭和二八）年末、奄美群島が日本復帰し、島中に歓呼がこだました。その三月《みつき》ほど経た翌春、筆者の一家は四国の生家から母の故郷の奄美大島へ、わずかな身の回り品を負い、島の邑都・名瀬の港に降り立った。まだ暦上は冬なのに、街を囲む山々は緑にむせ返り、トタン葺きの家並みが陽を浴びて白く輝いていた。初めて島に踏み入ったあの日の高揚感、新鮮さはいまもって忘れ難い。

あの頃、名瀬の街にはまだ占領軍の残香があって、公共施設や飲食店街には横文字の看板がさがり、残務整理かの米兵のジープが走ると、子供たちは鈴なりになって追っかけた。ようやく戦後復興が緒に就いたものの、不運にも大火に見舞われ、火魔が街の三分の一を嘗め尽くし、復興の足取りを重くした。貧しい暮らしのなか、人々は味噌やコメを貸し合って日々を支え合っていたが、子供たちだけは元気で、蚊柱のように路地を駆け回った。したがって奄美の日本復帰とその後の歩みは、筆者の奄美での歳月と等身大だ。

「奄美復帰」は喜びで語られることが多い。「奄美のガンジー」と称えられるリーダー・泉芳朗を先頭に、老若こぞり立ち、昼夜を分かたぬ激しい闘争は、世界に伝わり、鉄壁アメリカ軍をも妥協に追いやり、米軍統治から八年後に悲願成就に漕ぎ着けた。それは世界史的にも価値ある民族運動として称賛され、繰り返し語られ続けている。確かに大国の支配をはね返した偉業は、誇るべき民族遺産だが、一方でその負の対価として、奄美復帰は沖縄・小笠原の同胞を置き去りにした「抜け駆け復帰」にもなり、長くその十字架を背負うことになった。そして奄美復帰によって沖縄島との間に国境27度線が設けられると、沖縄に留まらざるを得なかった奄美人たちは公職を追われ、差別と迫害に生きざるを得なかった。激しく波立ち軋む国境。歴史文化を同じくし、固い精神的紐帯で結ばれてきたはずの南島民が、突然憎しみ合うようになった真の理由は何か。長い煩悶が筆者に巣くい、ようやく最近、それが沖縄に極東最大の基地を展開し「反共の砦」にしたいアメリカ軍の野望と自負を傷つけ、世界中に悪宣伝した奄美の復帰運動に対するしっぺ返しであるとの確信を得た。その間の事情をまとめたのが二〇一八年から奄美の日刊紙・南海日日新聞に長期連載した「27度上の不連続線 ――『日本復帰』問い残したもの」である。ありがたいことだが連載終了後、海風社からお声がかかり、南島叢書第98巻として全文掲載し出版されることになり、ようやく付き纏ってきた復帰運動史の自問、課題から解放されることになった。この間の関係諸氏のご助言、ご指導に深謝したい。

忘れてはならないことだが、戦後日本は沖縄・奄美の同胞を切り捨て、国際社会に復し、奇跡の経済成長を遂げた。かたや、米軍政下に置かれ、本土と隔離された琉球弧の島々では、戦後復興の槌音なく、経済が破綻し、基地の低賃金労働や売春、密航船、ヤミ貿易にすがって生き抜く、凄絶な格闘を強いられた。

そうしたたった五、六十年ほど前の出来事は、世の中の気忙しさにかき消され、ひどく黴臭く、記録からも記憶からも遠のくばかりだ。だが、新もの好きの風潮下でも旧聞に執着し、歴史を再検証しようとする志があるのは、単に人間が古いせいだけではない。社会がいかに変わろうが忘れてならないことがあると考えるせいだ。

長崎生まれの酒井卯作は復員後、民俗学の泰斗・柳田国男が研究拠点とした東京・成城の民俗学研究所入りし、沖縄・奄美を担当した。まだ奄美群島が沖縄とともに国外に置かれ、惨憺たる暮らしを強いられた様子を、国境を接するトカラ列島の南端・宝島に渡って観察。以降、この調査がもとで、足繁く奄美や沖縄島、先島に通い続け、古習をまとった南島の生活文化を考察、なおその生涯を賭した研究活動は継続中だ。その軽妙洒脱な人柄の酒井が珍しく「奄美の歴史をたどっていけば、そこに明るい笑顔を見出すのは難しい」と重い吐息、慨嘆を本書に寄せている。それだけ愛する南島を艱難辛苦が繰り返し襲い、止《とど》めのように米軍基地の専横がいまなお続くことへの静かな怒りが感受される。

斉藤日出治は長く大阪産業大学教授の職にあった経済学者だが、日本が中国大陸南端の島・海南島を占領した時期に日本政府・日本軍がおこなった島民虐殺をはじめとする多くの国家犯罪を究明する民衆運動に参加し、何度も現地に足を運んで島民から聞き取りを重ねてきた。その明晰さと緻密な論考によって、海南島の住民虐殺が、単にそれに終わらぬ、沖縄での「集団自決」に繋がっていく日本軍の愚行を幾多の論文で後世に訴え続けている。筆者はひそかに斉藤の「地域住民の生活を根こそぎにする思考と行為こそ植民地主義に他ならない」(『アジアの植民地支配と戦後日本の歴史認識』)との至言を自室に掲額しているが、その論考はさらに深化し、いままた戦前の内地と外地の関係が再構築され、一例として政府と電力会社が東北の原発立地地域を扱う態度に、国内植民地主義を鋭く嗅ぎ取っている。そして本書においては沖縄、奄美に及ぼした国家の恣意による国境線の政治、その暴力に言及し、琉球弧の民衆の闘いを高く評価、国境線の政治に代わる「社会空間と社会時間の息吹に目を向けるべき時」との展望をも示している。

Ⅲ

国境なき自由な世界への到達は、H・G・ウェルズがその著『来たるべき世界の物語』(一九六一年)でも語って見せたが、しかし理想はこのところ遠のくばかりだ。国富の流出を極端に嫌う、自国第一主義のトランプ政権は、メキシコ国境に前例のない壁を築いて隣国民を寄せ付けない。かつてベルリンの壁を壊したヨーロッパの民主化の波もまた、北アフリカ難民が押し寄せたことで寛容性を失い、排外主義が台頭している。朝鮮半島における民族分断はなお展望が見えず、香港をめぐる一国二制度の軋みもまた、かつての分断の傷跡から混乱が繰り返されている。自閉する時代潮流のなか、はたして私たちの地球号は国境の諍いを乗り越え、戦争のない平和な時代に到達できるのだろうか。現状ははなはだ心もとないが、そうした時代下だからこそ、かつての奄美と沖縄、沖縄と日本を分断し切り刻んだ、「国境27度線」を見つめなおすことは意義あることだと私たちは考える。

沖縄はいまや年間一千万人もが足を運ぶ、国内最大の観光地だが、その沖縄に渡るにはパスポートを要し、現地ではドル紙幣が使用されていたことを知る者はもう多くはないだろう。観光客でごったがえす、那覇の国際通りやリゾート地を離れ、沖縄島を一路北上すると、やがて真っ青な海原を背に最北端の地・辺土岬に辿り着く。そこからは晴れた日には奄美群島の南端・与論島の島影が波間に霞む。この岬と島に敷かれた見えない北緯27度線こそ、沖縄を隔てた国境だった。「祖国復帰闘争碑」と刻まれた石碑が眺めているのは、沖縄復帰実現の歓喜とその後、毎年本土と沖縄側の代表が船で27度上から固く握手を交わす海上交流集会の思い出だろうか。碑は語らず、ただ佇むだけだが、ぜひ折あるならこの岬に立って、沖縄や奄美の人々の苦闘、平和への思いを汲み取ってほしい。

それにしてもだ。戦後から二十七年の歳月の末に日本復帰し、すでにその歴史点からも四十七年が流れた沖縄からはたして「国境」は無くなったのだろうか。戦後、平和憲法を掲げて再出発した祖国・日本への復帰を夢見ての奔走だったはずが、米軍基地に翻弄され続け、いままたあの辺野古の美しい海を埋めて巨大な新基地建設が、沖縄県民の意思とは逆に進行中だ。国境はなお島民に棘となって刺さったままではないか。そうした苛立ちもあってか、龍谷大学教授・松島泰勝氏の琉球独立論が再び脚光を集めている。この新たな国境の思念は、強大な国家権力からの自衛、民族自決権を行使しようという、平和実現への新しい提起だ。

国境——。苦悶し自閉する世界に小さな一石を投じようとする私たちの試み、『国境27度線』が願わくば幅広く一読され、南島を顧みて、僅かなりと得るものがあれば幸甚の至りである。

二〇一九年秋

原井一郎

国境27度線

原井一郎

戦後南島の国境変遷

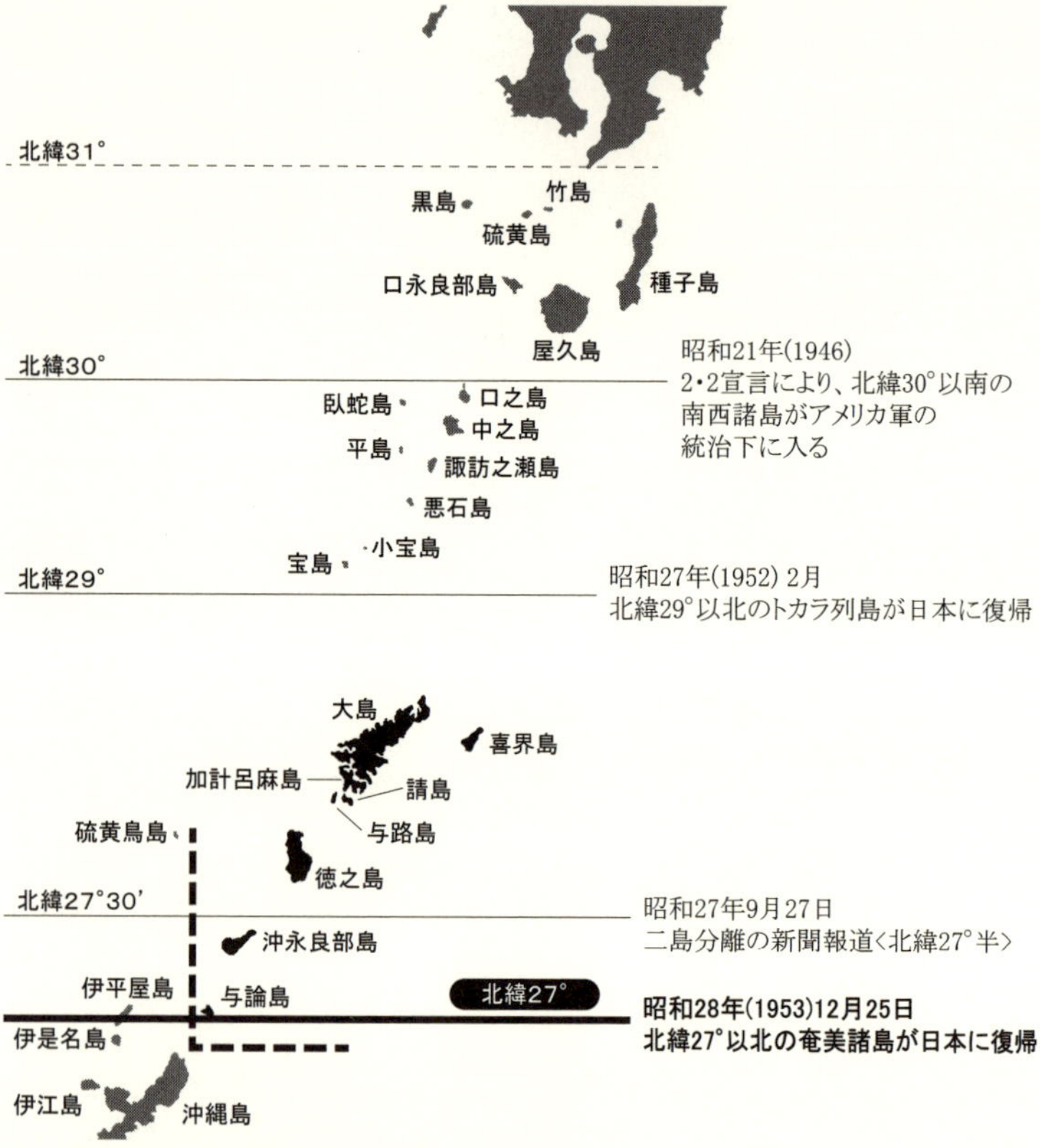

※（2011年「日本島嶼学会奄美大会」資料参照）

第一章　白地に赤く

手作りの「日本国旗」

「心に日の丸を立てよ」

泉芳朗は一九五二（昭和二七）年四月、名瀬小学校校庭で開かれた、軍人遺族援護法制定を祝う地元遺族会の集会で声をからした。

前年すでに復帰運動の母体の、奄美大島復帰協議会（奄美復協）が誕生し議長に就任。早期復帰を求める99・8％の圧倒的な署名、夏には高千穂神社で五日間の断食を敢行、「奄美のガンジー」はすっかり時の人だった。

鈴なりの聴衆を前に泉は、やおらポケットから小旗を取り出した。それは手製の日本国旗だった。泉は両手で旗をかざして、詰めかけた学童に向かって「これは日本の旗だ。君たちは日本人だ。決して忘れてはならない日の丸の旗だ」と叫んだ。

翌日、泉は「泣く子も黙る」米陸軍参謀二部防諜隊CIC（Counter Intelligence Corps）の訪問を受ける。「集会で日の丸を立てた。布告32号違反だ」「立てた覚えはない。見せたり室内に飾るのは『掲揚』ではない」などの問答の末、軍政府に連行された。喜美子夫人は「もう二度と家に帰れないのでは。留置場送りになる」と気を揉み、泉と文化活動で繋がり深い亀井フミ（亀井洋裁学院主宰）らが駆け付けたが、幸いこの日のうちに解放された。騒ぎは「日の丸事件」と呼ばれた。

「日の丸」は奄美の復帰運動中、島民のシンボルとして輝き続ける。起点は不明だが、戦後、軍国主義からの解放者として進駐した米軍はさっそく、「北部南西諸島住民に告ぐ」と命令5号（一九四六〈昭和二一〉年七月）で「集会、言論、出版、宗教、労働組合組織の自由」を宣した。暗く抑圧的な戦時下を生きてきた島民は解放を喜び、青年団活動や演劇、雑誌刊行が一斉に花開く。

だが若者らから占領政策への不満が出ると、わずか一年後の一九四七（昭和二二）年九月には自由令を撤廃、過度の干渉に転じた。「日の丸」もまた軍国的として一九四九（昭和二四）年六月、布告32号で「掲揚」を禁じ、違反者に千円以下の罰金又は一か月以下の懲役を科した。

「日の丸」を奪われた島民は、軍政への反発をも込め、行進や集会で赤丸を桜花に置き換え、「桜の日の丸」を打ち振り始めた。

「日の丸」の持つ求心力、心理効果を泉は承知していたはずだ。自身の詩『日の丸』で「……日の丸は見えなくとも……たがいの胸底にしっかり掲げている」と彼我を鼓舞。日の丸事件も、亀井らに正式な国旗の寸法を教えて作らせ、軍政府のお咎めを承知で、満場の学童にかざして見せたのだ。

名瀬小学校校庭で日の丸をかざす泉芳朗

それにしてもパリ解放へシャンパンを手に乗り込んだ、あの陽気な米兵はどこへ行ったのだろう。奄美に現れた連合国軍という名の米軍は、ひどく猜疑的かつ威圧的だ。奄美軍政府の米兵は二〇人ほどながら、CICを通じて島民に密告を奨励し、若者らの動静を監視。反米的と認定すれば、軍政府布告違反として躊躇なく軍事裁判にかけた。名瀬刑務所はすぐに満杯になり、一九四八（昭和二三）年春には近郊に増設したほどだ。

こうした暴政の背景について軍政府高官自身、「陸海軍の将校は政治的に幼稚で、デモクラシーも知らない。軍の方針にそぐわないと軍の方針で抑えるから、一方に与え一方に抑えたりする」と語っている。

気まぐれな軍政下で「日の丸」掲揚の攻防は、間弘志『全記録　分離期・軍政下時代の奄美復帰運動、文化運動』（以下、『全記録』）などによると、押しつ押されつ一進一退を辿る。

▽奄美復協支部長会議で初めて「日本国旗の掲揚と国歌の斉唱の許可」を要望（一九五一〈昭和二六〉年九月）

▽泉芳朗「日の丸事件」（前出）

▽「日の丸」掲揚許可指令（同一九五二〈昭和二七〉年四月二九日）

▽「日の丸」の掲揚範囲を「政治的な目的をもたぬ家庭、個人の集会」などに限定（同四月三〇日）

▽琉球政府主席・比嘉秀平が「日の丸の戸ごとの掲揚は国家主義・軍国主義による国

民的慣習で、諸外国ではあまり見られない」と見解。これに南海日日新聞が「主席の態度は亡国的。国旗は民族の自由と独立の象徴」と社説で反論（同五月二日）
▽民政府「私的掲揚は差支えない」（同八日）
▽ミルス法務官「道路に出してはいかぬ」（同同）
▽正月の「日の丸」掲揚許可（同十二月十一日）
しかし復帰の主題を外れたこの場外乱戦がもたらした結果を、社会民主党を組織し、泉を支え続けた中村安太郎は、「対日講和を前にソ連などから国際法違反を指摘され、米国務長官ダレスは南西諸島の日本の潜在主権を認める言質を与えた。そのことがもとで講和発効翌日に『日の丸』掲揚の軍政布告を出した」とし、「『日の丸』の掲揚許可はアメリカの統治方針の後退の始まり」とその効用の大きさを強調している。
「島民たちが待ち望んだ母国復帰の瞬間、花火が打ち上げられ、祝賀のサイレンが鳴り響き、神社の大太鼓も打ち鳴らされた。それを合図に名瀬市街ではバンザーイを叫ぶ人声が周囲の山並みにこだまし、家々の窓際は裸電球の光の花が咲き乱れた」（『炎の航跡—奄美復帰の父・泉芳朗の半生』）
泉は一九五三（昭和二八）年十二月二五日未明、日の丸の小旗を手に喜びに溢れた、島民の提灯行列の中にいた。日の丸は島民に還った。

切れ目ない統合装置に

日の丸、神社、断食祈願、提灯行列……。それにしても戦後の国家的出直しの時代思潮のなかで、奄美の復帰運動はどうしてこうも復古調なのか。赤面してしまいそうなほど戦時色に溢れている。

「日の丸」は戦後、一億総ザンゲのなかで、軍国日本の象徴だったことや、被侵略国などから嫌悪感が示され、国旗の変更論が出たほどだった。とりわけ日の丸を打ち振って教え子を出征させた猛省から、「二度と戦場に子供たちを送らない」をスローガンにする日教組は、教育現場で日の丸、国歌の義務化に反発してきた。

だが国旗国歌法が一九九九（平成十一）年制定され、大阪府などが条例で学校での掲揚を義務化。さらに入学式や卒業式で日の丸に向かって起立し、君が代を斉唱するよう命じた教育委員会通達をめぐる一連の裁判で、「思想・良心の自由」を保障した憲法十九条に反しない（合憲）との判決が続き、反発は下火化した。

そもそも「日の丸」は古くから国民の象徴だったのか。大阪経済法科大学の高潤香『戦争における日の丸と新聞報道』によると、「明治から大正に日本が行った戦争に関して、当時の新聞報道は日の丸に関する描写をほとんどしていなかった。……ところが一九三七（昭和十二）年の日中戦争前後になると日の丸に関する記事が増え始め、敗戦までの間、顕著に多かった。日本政府が新聞を介して皇国日本、及び皇民のシンボルとしての日の丸を一般社会に広め、戦意高揚を促すため、国民統合装置として扱っていた」と分析する。

また戦前、朝日新聞記者として戦争に反対しなかったことを悔い退職、在野で戦争絶滅を訴え続けた、むの・たけじも「私が子どもだった頃、君が代が国歌だという意識はなかった。小学校で唱歌として習って、運動会で歌っていた。ちょうど今、スポーツの大会で歌うみたいにね。それが、満州事変の頃から性格が変わった。祭日ごとに学校に日の丸を掲げて、みんなで君が代を歌うようになった」と語っている。

米兵が持ち帰っていた寄せ書きの日章旗
(神奈川新聞 2012 年)

そうした「日の丸」「君が代」の持つ特異さを、教育者で、東京で幅広い詩友と交わり、政治家でもあった泉芳朗が無感覚であったとは考えにくい。そしてその詩には「日の丸」が溢れている。

「正月が来ると／どこの家でも日の丸の旗を立てた／あかあかと世のあけぼのを祝って／日の丸の旗をかざした／村に町に　島の浦々に／平和をくばる日の丸の旗／それ

はいま　時のさだめの手にたたみとられて／あえかな追憶のかげに垂れこめている」（「日の丸」）

「奄美の子は旗を振る／八年のあいだ胸底にひそめていた日の丸だ／古だんすの底にしまいこんであった日の丸だ／戦死した夫の遺品といっしょにかえってきた寄せ書きの日の丸だ／手垢のついた／ぼろぼろ虫ぎれのついた／空襲の壕の中の泥水そめた／せつないかなしいおもいのにじんだ／ひとつひとつのこころをもった／さまざまの日の丸だ／奄美の子らは日の丸をとりもどした」（「旗を振る」）

『泉芳朗詩集』の熱情溢れる詩句は、祖国復帰こそ唯一の道だという政治的メッセージと相まって、文字や詩を武器にしたことのない島民に、新鮮な闘争心を掻き立てた。詩人はおそらく何を民衆が求め、何がその心琴に触れるのか熟知していた。その上で詩の韻律と構成を凝らし、心に訴える革命歌を放ったのだ。そしてその勢いで老若男女を集会、行進、祈願に駆り立てた。

その運動原理はつい先日まで、敗戦を感じつつ、「一億玉砕」を合言葉に銃後の戦いを強いられ、祈る思いで「日の丸」を打ち振ってきた国民心情とどこか重なっていないか。戦時中、島々で何が行われていたか。高安重正『沖縄奄美返還運動史』に名瀬での一コマが記されている。「八月いっぱいは、軍の『詔書奉読式』なるものがあちこちで開催された。そこでは『国体護持』とか『七生報国』『八紘一宇の精神』等の空念仏が喚き散らされ、終戦直後の八月十七日には、高千穂神社境内で国民義勇隊の結成式が行われた」。

出征兵士を日の丸で見送り、日の丸で包んだ戦没兵の骸を慟哭のなかに迎え、空襲の空を見上げて日の丸を抱きしめ……。そして再び米軍支配の解放を求め、日の丸をかざす民衆。戦時と終戦、戦後を分断なく繋いで「日の丸」が打ち振られた。

駅頭で出征兵士に打ち振られる日の丸（Wikipedia から）

軍国と平和世との峡間

「日の丸に対する違和感？ 言われてみればそうかなとも思うが、当時は感じなかったですよ。復帰運動の象徴でしたから」

復帰後、長く教職員活動の前線に立ち、復帰運動や泉芳朗の顕彰を続けるS氏から、思いがけない答えを得た。当時、島民がかざした「日の丸」に軍国日本のにおいは感じなかったというのだ。

本当に「日の丸」への違和感や問題意識はなかったのだろうか。

実は一つ、興味深い論争があった。

分離中に刊行された雑誌『新青年』（一九五三〈昭和二八〉年六・七月号）に本土在住とみられる島田和男の「『日の丸』と『君が代』について」の投稿があって、そこでは「外国の軍政下にありてあの様な苦しい生活をして居ると、日本のすべてがよい様になつかしく思われ、日の丸の旗を見ただけでも何か感激に似た喜びを感じるであろう。……だが日本内地における私は、日の丸の旗を見ただけでいやになる。それはあの残虐無謀な日本の軍国主義を思い出すからである」と、復帰運動の象徴である「日の丸」への嫌悪が語られている。

しかしこれには、同時に「名瀬市連合青年団女子研究会」名の反論も掲載されていて、「意見は成る程と思うが、自分たちが日の丸を立てる自由を要求しているのは、これが軍布令でしばられており、祖国で自由に立てられる旗が、同じ日本人でありながら自分たちは立てられないからである」と主張している。

あるいはこれは雑誌『新青年』の性格からかもしれない。奄美共産党がその思想・文化を全島的なものにするため、崎田実芳（長く名瀬市議）らの青年組織・新四谷青年団の機関誌を活用、やがて「『新青年』は狙い通り奄美連合青年団の代行機関誌ともなり、日本復帰まで奄美の民主化の重要な役割を果たしていく」（里原昭『琉球弧奄美の戦後精神史』）。

従って「日の丸」に対する奄美共産党としての見解を打ち出す必要からも、雑誌を通し容認論を表明したフシがある。

天長節で最敬礼する教科書の学童

それは崎田実芳『米軍政の鉄壁超えて』を引用する形で、間弘志『全記録』が述べている「『日の丸』について政治的立場、国民感情として絶対否定していた崎田実芳らは、しかし祖国と自由を求めて闘っている住民が日本民族の心情の拠りどころとしている『日の丸』の掲揚を復帰協（奄美大島復帰対策協議会）が決定した時、あえて異議をはさむことはしなかった」の箇所とも一致する。つまるところ奄美共産党も「日の丸」を容認せざるを得ないほど、すでに復帰運動のシンボルに化していたのだ。

だが戦後奄美の精神史を考察する元高校教諭・里原昭は、『新青年』の果たした役割を評価しつつも、「日の丸」とそれをかざした旧態とした運動の在り方に疑問を呈した。

まず泉芳朗が雑誌『自由』に発表した一連の復帰詩を俎上に載せ、その一つ「海の史」（一九五〇〈昭和二五〉年発表）をヤマト文化への傾斜、思慕が露わだとして、「戦争で体験した皇民思想を解体し、反芻することの必要性に無自覚なまま、ヤマト文化の思慕を拡大した」と論難。さらに「旗を振る」（一九五三〈昭和二八〉年九月）を「皇国日本の象徴として歴史に刻んできた日の丸を、歴史的事実の検証を抜きに、史実を無媒介に継承している」と酷評している。

そして「奄美の多くの青年が、戦後の荒涼たる郷土の精神風土の中で、希求した祖国イメージは、戦後の日本国憲法の精神に象徴される、個人の尊厳と自由を基本とした国家像であったはずだ。その意味で作者（泉）の『日の丸』イメージとは異質であった」と述べている。

復帰運動を成就に導いた指導力、公正無私だった人間性……。「復帰の父」泉芳朗への評価は、政敵からの非難中傷を除けば、復帰運動中、その後も絶大だ。だがその運動スタイルはあまりに古く誤解を招きやすい。

最近、ブログで興味深い書き込みを見つけた。日本を「世界で唯一の神の国」だと褒め称えるブロガー氏が持論を展開。「(奄美の復帰運動が)祖国の存在と自国の国旗を掲げられることの意義を教えてくれています。『今ぞ祖国へ』。復帰の父、泉芳朗の言葉を噛みしめて」と綴っている。

革新勢力から推され、闘う詩人革命家が、今や「国家主義者の鑑」という甚だしい誤解の上に登場する時代だ。

復帰実現に万歳する泉芳朗

脱皮と再生のリトマス紙

占領国アメリカをたじろがせた「日の丸掲揚」「断食」を前面に押し出した復帰運動が、他方で戦前回帰的であり、それに無痛覚なことに、奄美の戦後精神史を編んだ里原昭は「日本の戦後出発時における民主化の変革過程から遠く離れた運動だった」と批判した。そうした見方も実際はしかし、運動目標の成就、勝利第一主義の前に潰えた感がある。さらに奄美には元来、物事に拘らない大らかな島民性がある。それはまた物事を論理的に考察し、思考を深めることを不得手として、島唄や芸踊を重視する気質、解放的風土にも表れている。

だがユダヤ人虐殺をもたらした、ナチスによるドイツ国民の「全体主義」の背景を、ハンナ・アーレントはその著『全体主義の起源』の中で、「強い不安に晒される時、人は救済の物語を渇望する。そして多くが飛びつくのが単純明快な政策だ。一人ひとりが深く考えるのを止めた時、全体主義が現れる」と、無思考の危険性を警鐘した。

「祖国復帰」運動は生活苦と国家分断に対する復活欲求に根を発している。だが祖国の何に還るのか、といった目標確認や、掲げる方向性や理想は語られることなく省略され、悲願や渇望といった激情に包まれた。その一種全体主義的、戦前回帰的な運動が、泉芳朗ら指導者によって推進されたことに対し、アンチテーゼが一部とはいえ示されていたことに私は安堵する。

だがこれにも反論はある。

近著『地のなかの革命』で本土と沖縄との「二重の辺境」性ゆえに生まれた、奄美の独自の復帰運動を高く評価する、聖トマス大学の森宣雄は、「(里原批判は)泉さんの詩にある『日の丸の空』とかが、なにか右翼の国家主義ではなかったかという考えだったと思うんですが、しかし泉さんは戦争に反対して抵抗するような活動をしていた」と擁護している(二〇一一〈平成二三〉年九月、日本島嶼学会奄美大会におけるフォーラム「奄美・徳之島で考える『日本』の境界」から)。

そして泉の一連の復帰詩の「日の丸」について、「どうして泉さんはこんなに堂々と戦後、日の丸の旗を奄美の位置から掲げることができたのか」と前置きし、「泉さんは自然の生命力や天体の摂理に依拠しようとする詩情を柱にして民族解放運動を指導した。これは戦前・戦中からの

ふるさと徳之島・伊仙の墓碑に刻まれた泉芳朗の復帰詩「島」

抵抗のつながりの上に現れた反戦平和の思想」と分析。「日の丸」は十五年戦争で泉の理想とかけ離れ、殺し合いで血みどろに染まったが、復帰で元来の「世のあけぼのを祝う平和の証」として取り戻せるという、独自の思念の反映だという。

だがそれもまた一面的評価に思える。すでに日の丸への認識は大きく変容していて、はたして森の言う「平和の証」だったのか。

泉の言動のブレについては、同郷・徳之島の水野修が広範な取材でその人間像を明らかにした『炎の航跡─奄美復帰の父・泉芳朗の半生』に登場する。

「十月十日午前七時十分、空襲警報発令。敵機浅間山飛行場ニ対シ初ノ空襲ヲナス。御影第一奉還所ニ奉還（五本松下洞窟）」。神之嶺国民学校校長だった泉の『校長日誌』には一九四四（昭和十九）年のその日、泉が脇差を腰につけて宿直室に飛び込み、当直教員に奉安殿を開けさせ、海辺のサンゴ礁の切れ目の鍾乳洞に、御影を避難させるため必死で運び込む様子が描かれている。

「泉校長はモノクロの御影が入った額を白布で包み、それを胸に抱くようにして、息を荒げながら坂道を足早に上って行った」

戦時中、学校の奉安殿には天皇の写真が収められていたが、それを守るのも校長の役目だった。だがその敵機接近中に、刀剣を身にした異様ないでたちで、一目散に奉還所を目指す泉の姿は、戦後のイメージとは著しく乖離する。

またこの書には「御影を奉還する儀式が執り行われている際に、若い女先生がそれに気付いていなかったのか声高に笑ったため、泉がかんかんに怒り、彼女に往復びんたをくらわした」という記述もある。

非暴力主義、温厚篤実、人格円満で語られることの多い泉に、ついその数年前、本当にこうした一面があったのだろうか。そして古い泉の戦前の教育者像はいつ脱皮し、戦後に再生されたのか。「日の丸」は泉を知る手がかり、リトマス紙にも思えてくる。

泉芳朗が戦前、校長をつとめた徳之島町神之嶺小学校。
海の向こうに奄美大島の島影が。

軍国批判なく米軍政下へ

「日の丸」をかざして日本復帰を叫ぶ、泉芳朗の姿は島民に鮮烈に焼きつき、「抵抗詩人」と冠された。泉は詩で訴え、民衆を率いる、非暴力の指導者との自身の像を、いつから纏ったのだろう。「皇民思想を無自覚に拡散した」という批判を含め、本当に人間・泉は何を考えていたか。その思想の一端に触れるには足跡と詩歴を介するしかない。

泉は徳之島・伊仙村面縄に生まれ、一九二四（大正十三）年に鹿児島第二師範を卒業、笠利・赤木名小訓導を皮切りに奄美各地を転任。大正末から中央詩壇の仲間入りを果たすと、二十三歳時の一九二八（昭和三）年に上京。東京で小学校訓導になり、詩人とも交流。しかし一九三九（昭和十四）年、健康を害して帰郷。徳之島の国民学校長で終戦を迎え、戦後四年間、視学のポストに。その辞職と同時に月刊雑誌『自由』を創刊、活発な文学活動を繰り広げた。一九五一（昭和二六）年、四十六歳時に奄美大島復帰協議会議長に担ぎ上げられ、断食祈願など復帰運動に挺身。復帰後は衆議院選に出馬するも落選。再起を賭けて上京中の一九五九（昭和三四）年四月、風邪をこじらせ急性肺炎で急逝。五十四年の生涯だった。

経歴から「詩を愛する教育者」像が浮かぶが、詩は作者の全思想でも、生涯不変の哲学でもない。時々の希望や詠嘆を歌った、思念の部分、流転する人生の表現にすぎない。

泉芳朗詩集別冊『泉芳朗の人間と文学』は多くの郷土関係者や詩友が人間・泉を語っ

て興味深いが、その中の泉を評した一文が目を引く。「(泉の詩の)反戦思想はそれほど強烈なものではないし、その頃の前衛詩人たちを巻き込んだマルキシズムの匂いもない。いわば大正以来の民衆詩派の系列から一歩も出なかったようだ。その詩の骨格をなしているのは強靭なヒューマニズムである」。

「ヒューマニズム」という評価には、いくらか侮蔑も含まれていることに留意したい。それはすでに戦後が、旧来の素朴な人道主義を超え、地球を視野に収めた価値観、国家や地域ナショナリズムを凌駕するコスモポリタンを希求していて、なお古層を纏い、旧秩序に拘泥した泉に対する問題提起に思える。

中央詩壇で活躍し、島民を言葉で鼓舞する、鮮烈な指導者として迎えられたはずの泉のその詩は、奄美では多くが「明星の如く詩壇の地平線に輝き出した若い南国詩人」(昇曙夢)との高い評価ながら、中央詩壇ではさほど注目を集めなかった。まして「日の丸」を掲げて謳い上げるその詩風は、思索の深化や苦悩、世界を相対化する高みが感じられず、逆に「ヒューマニズム」の示す限界さえ感じさせる。

泉と親交深かった詩人・佐川英三はさらに突き放した論評をしている。

「泉芳朗は立派な詩人であったが、その詩の作品よりも、戦後に於ける奄美大島の日本復帰や名瀬市長としての仕事の方が、彼にとっては大きな仕事であり、詩人の本領を発揮したものであったように、私には思える」

「革命とは酒のようなものだ。度が強いほど大衆は酔いやすい」は作家・司馬遼太郎の言葉だが、その詩と同様、政治手法も古さゆえに、ピークを過ぎると急速に色褪せた気配がある。

だが公正無私だった運動家の犠牲精神に敬意を表し、何も時代錯誤的だったのは泉に限らなかったことも付しておこう。奄美小校長で奄美連合教員組合長だった高元武は、復帰を前に奄美入りした鹿児島県知事・重成格《しげなりいたる》に「国旗掲揚もできず、国家も歌えない。こんな状況では教育はできない」と訴えたという。だが教育に国旗や国歌が本当に不可欠なのか。またよく歌われた「日本復帰の歌」（久野藤盛）、「朝は明けたり」（村山家國）には「たてる民族二十万、烈々祈る大悲願」「はらからの国日のもとよ　いまぞあきらに　くにたみの」とまるで軍歌のようなセリフに溢れていた。

奄美の復帰運動がまとった古さはおそらく戦後の一億総ザンゲの落胆と苦悶、立て直しの戦後を経ず、直ちに日本から分離され、「アメリカ世」になった、動揺と混乱の反映とも言える。

そして「日の丸」は復帰が成ると急速に顧みられなくなった。

復帰の日、取材機に打ち振られる日の丸の波

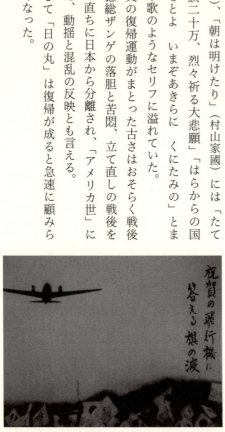

沖縄のこころと日の丸

一衣帯水、沖縄の島々で「日の丸」はどう揺れたか。

誰もが強烈に思い浮かべるのは、皇太子夫妻（当時）への火炎瓶事件と、国体での日の丸焼き払い事件だ。

沖縄復帰から三年後の一九七五（昭和五〇）年七月。皇族として戦後初の沖縄訪問を果たした皇太子夫妻が、ひめゆりの塔を訪れ、慰霊に献花した瞬間、近くのガマ（洞窟）に潜んでいた新左翼活動家二人が現れ、放った火炎瓶が皇太子の近くで燃え上がった。当時、全盛は過ぎていたが、学生運動がなお余韻を引いていた。なかの一人は在京の沖縄出身学生で、本土の視点からの「沖縄奪還」に違和感を覚え、内ゲバの横行にも幻滅、同郷人に呼びかけて沖縄人だけのセクトを立ち上げた。決行の動機を、「天皇主義者を告発、糾弾、弾劾し、幅広く反戦平和運動に決起せんことを提起する」と厳めしい犯行声明文を残している。

一方、火炎瓶事件から十二年、再び騒動が起きた。一九八七（昭和六二）年三月、高校の卒業式で生徒が雛壇に掲げられていた日の丸を引きずり下ろした。さらにその年の沖縄国体ソフトボール競技で、メインポールの日の丸が、観衆の目の前で地元青年によって焼き払われた。

沖縄での一連の事件は、すでに「長い戦後」に浸かって平和ボケした、本土住民に衝撃を与えた。「沖縄ではまだ戦争の傷跡癒えず、米軍基地下で苦しんでいる」という理解の一方、天皇や日の丸を槍玉にしたことで本土から右翼も大挙押しかける騒ぎになった。

なぜ大らかで人の良い沖縄県民の中から、こうした他県に見られない、過激な行動が生まれたのか。

だが、そうした日の丸や天皇制への嫌悪は、太平洋戦争で捨石にされ、二〇万人もの犠牲を出した過酷な体験からではなく、沖縄国際大学教授・石原昌家によると、むしろ奄美と同様、「日の丸」は戦後アメリカ軍政への抵抗のシンボルとして登場したという。

国旗掲揚運動を展開している『タディ国旗の世界』なるブログの「沖縄日の丸」（二〇一二〈平成二四〉年三月）には『祖国復帰は沖縄の誇り』の著作がある、元教員・仲村俊子の以下のような述懐が紹介されて

沖縄には左翼学生から右翼団体までが押し寄せた。
（沖縄返還を叫ぶ全共闘の旗波）

いる。

「復帰前の沖縄には、アメリカ施政下の琉球政府がありましたが、県民感情としては祖国日本が懐かしい。米軍統治下で物質的には恵まれていましたが、私達の代で復帰を果たさないと、子供達は自分の祖国がどこなのかさえわからなくなってしまうと危惧されていました。私たち沖縄県の教職員が所属していたのは、一九五二(昭和二七)年に設立された沖縄教職員会で、これは後の沖縄県教職員組合のような労働組合ではなく、純粋な教育団体でした。初代会長の屋良朝苗《やらちょうびょう》先生は、沖縄復帰前の行政主席をつとめ、復帰後も初代の沖縄県知事になった方ですが、非常に純粋な教育者で、私はとても尊敬していました。生徒を通して『日の丸』を広げる運動を行ったのは、この屋良会長の時代です。当時、私は平敷屋中に勤務していましたが、初めて『日の丸』が学校に届いた時には、胸に響くものがあり、涙が出ました。昭和30〜40年代には、教職員が復帰運動の中核となり、デモ行進を行っていました。『沖縄を返せ』と歌いながらデモをやったことが今でも忘れられません。祖国復帰運動では、方向性や思想の違いはありましたが、沖縄全県で『日の丸』が揺れ、県民は復帰を願っていました」

彼女たちだけが純粋だったかどうかは別に、沖縄の復帰運動の初期段階では、「日の丸」がやはり運動の象徴であったことが分かる。そのことへの戸惑いは、沖縄を訪問、実際に沖縄戦の悲惨を学び取ろうとした日教組傘下の本土教員たちを襲うことになる。

彼らを驚かせたのは、日教組が軍国主義の表象として非難してきた「日の丸」を振り、日本人としてのアイデンティティーを叫ぶ沖縄県民の姿だった。

近年、スポーツの国際試合では若者たちが日の丸を打ち振る姿が目立つ。
(国立競技場 サッカー試合)

本土同化への怒りと反発

「何度来たってお前らに沖縄の本当の心が分かるものか」

沖縄返還を前にした一九六九（昭和四四）年、沖縄戦の実際を学ぼうと大阪教職員組合は春休みを利用して二百人の代表団を派遣したが、現地の反応に鼻白むことになる。それは「日の丸を掲げ、君が代を歌えるようになりたい」と涙を流す沖縄県民の姿への衝撃だった。

沖縄県民が日の丸を打ち振るようになったのも復帰運動からだった。沖縄国際大学・石原昌家は戦後間もない頃、那覇で小中学校に通っていたが、日本政府南方連絡事務所にへんぽんと翻る日の丸に、密かに祖国日本への憧れを託し、ラジオの大相撲放送で流れる君が代に涙したという。そして「島ぐるみ土地闘争をバネに一九六〇（昭和三五）年、祖国復帰協議会が結成され、巨大な『日の丸』を舞台に掲揚して総会は開催された。つまり日本復帰運動そのものも共産主義運動と決めつけ、弾圧したアメリカ支配に抵抗して、高らかに『日の丸』を掲げた」。

だが、もう一方でこうした運動の在り方を鋭く問う声も存在した。

小説『カクテル・パーティー』で沖縄初の芥川賞作家になった大城立裕は、「沖縄」の矛盾と苦しみと誇りを見つめた小説やエッセーを多く発表しているが、復帰運動についてもその内在する問題点を厳しく問い続けた。

大城の見るところ、戦後沖縄で日本復帰志向がエスカレートしたことが、「祖国復帰」という運動に変じ、誰もが日の丸を打ち振る「一種の偽善にも似た流れになった」。自らも高校教師の一時代があった大城は、なかでも一九五三（昭和二八）年に当時復帰運動を主導した沖縄の教職員が国会議員を出迎える際、小学生たちを動員して、日の丸を振らせたことが酷く腹立たしかったという。

沖縄タイムス紙に「学童を政治に使うな」と題した自らの投書で、「教員の待遇をよくしてもらいたければ、教職員会が動くべし。子供を動かすな。そしてただ『よい子になれ』と教えよ。『人を殺すな』と教えよ」と復帰運動の旗振り役の教職員たちに対して厳しく注文をつけている。

地元作家のこの毅然とした発言は、大多数が復帰運動に傾斜するなか、「個人の意思を尊重する観点から、既存の考えや大多数の流れに留保し、相対化したいとする視点が働いた」ためだと評されている。

沖縄の「日の丸」はしかし、復帰運動の本土との葛藤と連携のなかで徐々に捉え直されていく。希望に溢れるべき沖縄への施政権返還が、アメリカ側が実を取って基地の日米共同管理の強化になり、あるいは昭和天皇が「沖縄の基地継続を希望する」とアメリカ側に早々伝達していたことが明るみになって、さらに沖縄県民を激怒させた。

「そのような過程をへて、これまで日の丸掲揚を推進してきた沖縄の民衆は『日の丸』『君が代』に対して特別な否定的想いを抱くようになった。県民の『日の丸』への対

応の変化は、歴史に翻弄され続けてきた複雑な県民感情のあらわれでもある」（石原昌家）

大城立裕から三十年後に登場し、沖縄の過去と現在を交錯させた小説『水滴』で芥川賞を得た、戦後っ子の目取真《めどるま》俊《しゅん》は、新たな米軍基地が建設されようとしている辺野古でカヌーを駆って阻止運動に取り組んでいる。

その気鋭の作家の目は、沖縄の復帰運動の歪みの一つを、本土では曲りなりにも公職追放などで戦争責任が裁かれたが、戦後沖縄は責任論を素通りし、沖縄内部で住民を戦争に駆り立てたリーダーたちが追及されることがなく、その結果、天皇制や日本への同化指向が温存されたためと指摘している。

東京・武道館で開かれた沖縄祖国復帰記念式典（1972〈昭和 47〉年）

「そのツケは戦後の沖縄の各地で噴き出していきます。教育面でいうなら、『祖国復帰』の高まりのなかで、『日の丸掲揚』や『標準語励行』が学校現場で取り組まれ、自分達の言葉や生活習慣、文化を卑下し、『祖国日本』へ同化していく教育が再び行われていきました」

辺野古基地反対に全国から馳せ参じ、工事を監視するカヌー隊

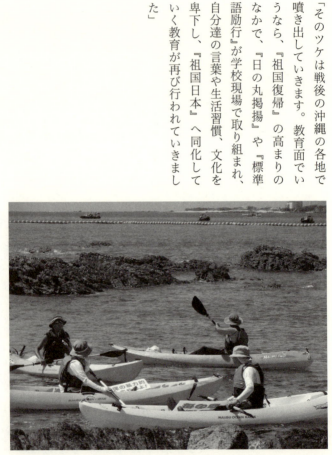

第二章　赤と白のオセロ

二つの冷戦と沖縄基地

野望は時に混乱と悲惨を招く。「日本を太平洋のスイスに」。敗戦国日本に乗り込み、GHQ（General Headquarters）を束ねたダグラス・マッカーサーだが、腰は定まらなかった。一九四八（昭和二三）年のアメリカ大統領選を射程に置いていたからだ。だが現役軍人は大統領になれない。そのため進駐後早々、アメリカ国内向けに「日本統治は大きな成果をあげている」「日本が再び軍事国家になる心配はない」と楽観論を吹聴。日本の非軍事化、民主化を手柄に凱旋を果たす心算だった。

目論見通り帰国し、共和党予備選に出馬したものの、意外にも選挙では惨敗。本選でも共和党は敗れ、現職ハリー・トルーマンが再選された。

大統領への道を閉ざされたマッカーサーは再び日本に戻り、占領政策に専念、労働争議弾圧などに辣腕を振るう。だがトルーマンとの確執は、早期講和や日本再軍備を巡ってことごとく対立。当時、米ソ冷戦の緊張が高まり出していたことから、「二つの冷戦が存在する」といわれたほどだった。

従ってそのアメリカ内の権力確執が、日本の経営方針を巡って二転三転。その亀裂がまた国内政治にも作用し、混乱が国民生活を振り回し続けた。

一方、朝鮮半島も日本から解放を果たしながら、南北に分断。一九四八年、李承晩が大韓民国の成立を宣すると、金日成も朝鮮民主主義人民共和国を樹立。米ソの超大国を後ろ盾に38度線で睨みあい、一触即発のなかで「済州島4・3事件」が起きた。

済州《チェジュ》島は李王朝の時代から弾圧と迫害の歴史が続き、反体制的な色彩の強い土地柄だ。そのため李承晩が南部単独の国家樹立を宣すると、統一派の反発が南部全域で強まり、特に済州島で激化した。

李承晩は自分に歯向かう抵抗勢力の代表として済州島を選び出し、見せしめに島民を大量処刑。一九四八年の島民蜂起から七年間の間に、島民の五人に一人にあたる六万人を殺害。済州島の家々の大半が焼き尽くされ、多くが日本に逃れた。

当時、済州島は在朝鮮アメリカ陸軍司令部の軍政庁支配下にあって、米軍は旧日本軍が築いた二つの飛行場に駐屯。まだ日本国内での基地構想がなかったため、軍用道路や港湾を次々と建設。ウラジオストク軍港を睨んで、東洋の一大拠点、不沈空母を目指し島の基地化を進めていた。

だが済州島で島民挙げた武装反乱が起き、米軍の撤退要求を掲げて韓国軍と衝突。残虐な李承晩の大虐殺が世界的に批判を浴びたことで、米軍の全島基地化構想も同時に押し流された。結果、東アジアの橋頭堡を失った米軍が再び着眼したのが沖縄だった。

沖縄に「鉄の暴風」で上陸した連合国軍は、広大な軍用地を独占、本土空爆に利用したが、日本の降伏以降は存在価値が低下。「日本のシベリア」と蔑称されるほど基地の荒廃が進み、海軍から陸軍へと初期軍政も目まぐるしく変更、沖縄県民が生活危機に晒されても、何ら積極策を講じることがなかった。

その一度は見捨てた沖縄を、再び米軍に選び取らせたのが済州島事件だった。マッカーサーは一九四九（昭和二四）年三月、「アメリカの防衛線はフィリピンから琉球列島を経て日本、アラスカに至る線であり、その中心は沖縄である」と宣する。それは政情不安の韓国と済州島基地、さらに台湾をも見捨てるという重大な表明に他ならなかった。同時に米軍の重心が南下、沖縄は「極東戦略のキー・ストーン」に位置づけられた。幾分、三段論法的だが、マッカーサーと李承晩の野望が、沖縄・奄美の戦後を運命づけた、とも言える。

一九五〇（昭和二五）年、朝鮮戦争が勃発。マッカーサーの指揮は精彩を欠き、米軍に多大な犠牲が。トルーマンは翌年四月、躊躇なく怨敵を解任。ただ米国民は帰国した闘将を称え、マンハッタンでは七百万人が祝福、紙吹雪が舞った。「老兵は死なず。ただ消え去るのみ」。かくして伊達男は去った。

横田基地に日本での一歩を印すマッカーサー
（撮影・米海兵隊）

北緯30度への線引き

青年期の出会いの感激は、長く人生を彩る。アメリカ海軍兵学校を出て少尉候補生になった二十歳の青年は一九〇五（明治三八）年、戦艦オハイオで日本に寄港。この時、日本中が日露戦争勝利に沸き立っていた。横須賀寄港中のオハイオ乗員代表は、日本海海戦で大勝した東郷平八郎の招きで戦勝祝賀会に出席。その一人に選ばれた青年は仲間と東郷元帥を胴上げ、十分ほどながら直接言葉も交わす。「元帥は流暢な英国英語だった」。感銘を受けた青年は後の太平洋戦争の終結後、東郷の指揮した旗艦「三笠」が廃艦危機に晒されているのを知り、保存に多額の私費を寄せている。

この元青年こそ太平洋戦争でアメリカ海軍を指揮、日本海軍を壊滅させた元帥チェスター・ニミッツだ。陸軍のマッカーサーの陰に隠れがちな東郷びいきの元帥はしかし、沖縄・奄美には忘れられない存在になる。

沖縄攻略（アイスバーグ作戦）に先立つ一九四五（昭和二〇）年三月二六日、米軍は通称「ニミッツ布告」と呼ばれる米国海軍軍政府布告第1号を公布。それは本土攻略の拠点にする「北緯30度以南の沖縄及び鹿児島県奄美群島の軍政施行」を宣する占領宣言だった。

いかに早々、占領後の布石が打たれていたかが分かるが、この布告は沖縄、奄美の戦後を混乱と悲惨に晒すとともに、一九七二（昭和四七）年の沖縄返還まで効力を有し、二十一世紀になった現在も沖縄のアメリカ軍基地問題に影響を与え続けている。そうした沖縄、奄美分断の最終責任者こそニミッツで、長く島民には暴君の如く記憶された。

一方またニミッツ布告は、「日本の無条件降伏」が日本国なのか日本軍を指すのか、占領を巡る国際法解釈の論議を呼び、奄美での軍政（特別布告による）も実際は配置が布告一年後で、すでに戦争は終結していることから、「ニミッツ布告は違法」との指摘が出た。

そもそも連合国軍はなぜ「北緯30度」で沖縄・奄美を本土と分断したか。定説はないが、まず日本軍も30度線以北を「本土防衛軍」、以南を「南西諸島防衛軍」に区分していたことだ。一九四四（昭和十九）年三月に編成増派された日本陸軍第10方面隊第32軍は、本土防塁への陣地を構築、先島から奄美群島までを守備範囲にした。

翌一九四五（昭和二〇）年四月、連合国軍が沖縄本島に一斉上陸。南部に追い詰められた日本軍は、牛島満司令官らが自決し壊滅。その組織的抵抗が止んだ七月二日をもって連合国軍は沖縄戦の収束を宣言。日本軍の区分に従って、奄美以南を占領地にし、本土攻撃に特化する。

従って30度線は「軍轄境界」だったことになるが、また一方で米国務長官アチソンは米議会で、「北緯30度線は大和民族と琉球民族の境目」と証言。連合国軍による南西諸島の占領は、大和民族からの解放のニュアンスも込めたことを明かしている。

だが後に駐日大使となるライシャワーは自伝で違った見解を回想する。東洋史研究家の大使は戦時中、上席日本専門官として国務省に招かれ、日本の無条件降伏後の占領政策を担う。その一九四六（昭和二一）年三月段階の草案では「（日本周辺の領土は）奄美大島から北にある諸島を日本に返し、中・南部琉球はなるべく小地域をアメリカの戦略的委任統治とし、以外は非戦略的委任統治とする」とした。

ところが「奄美大島を直ちに日本に帰すよう主張したはずが、この草案を書く前にだれかに反対され断念したように思う」と、曖昧ながら「奄美返還」が戦後早い段階から構想されていたことを明かしている。あながちこれは不正確なものではなく、同時期に米国海軍軍政府はGHQに「奄美諸島を鹿児島県にすべき」と勧告。これに民政局は賛同したが、参謀第3部の反対で流産したという。

一方また、外務省が公開した対日平和条約交渉を巡る文書では、米国側の南西諸島に対する認識不足が見られたという。一九五一（昭和二六）年四月の条約案では「北緯29度以南の琉球列島」とあり、これでは奄美群島は含まれないため、外務次官・井口貞夫がわざわざ「北緯29度以南の南西諸島」と改めるよう注進。結局、修正された講和条約案が締結される。

戦艦ミズーリーで日本の降伏文書に調印するニミッツ（左端はマッカーサー）（Wikipedia から）

「奄美返還」立役者の怯え

数多い奄美返還過程の登場人物でアメリカ側の忘れ難い人物をもう一人あげるならジョン・ダレスだろう。一九五三（昭和二八）年八月八日、韓国訪問の帰途に来日、突然「奄美群島を日本に返還する」と表明、島民を歓喜させた、「ダレス声明」の主として記憶される。

ダレスは共和党右派、さらには周恩来の握手を拒否した反共主義者として戦後アメリカでは著名だ。加えればジャパン・ロビー「アメリカ対日協議会」の有力者で、戦後日本の経済力を殺ぐ集中排除法を批判。日本の再軍備などで自立を早めさせる、いわゆる逆コース化を主張し、促進した人物でもある。

さらにはトルーマン政権下で一九五〇（昭和二五）年に国務長官顧問になり、翌年九

アイゼンハワー大統領（左）と懇談中のダレス（Wikipedia から）

月のサンフランシスコ平和条約（講和条約とも）の取りまとめ役に。また同じ日に日米安保条約を締結、その「生みの親」とも呼ばれた。

この保守派大物が敢えて安全保障条約を加えたのは、歴史家ジョン・ダワーによれば、「日本がアメリカと交渉する裏で、同じ黄色人種の中華人民共和国と通じている」という疑いを捨てきれず、その「日本人を信頼しきれない思いと、西側に繋ぎとめたい一念」にタガをはめるためだった、と記している。

アイゼンハワーが第34代大統領に就任した一九五三年一月には国務長官に就任、奄美返還の産婆役を担う。しかし実際はすでに対日講和を前にダレス特使に首席随員として同行した国務次官補ジョン・アリソンによって方向付けられていて、「奄美返還」シナリオは一九五一（昭和二六）年には国務省内では確定的だった。アリソンは後には駐日大使にもなるが、戦前に小田原中学で英語教師として教壇にも立った変わり種で、「極東屋」と呼ばれていた。そのダレスへの助言役は奄美群島が軍事戦略基地として価値が低いとして、国務省内に早々、「奄美返還」を合意形成。国防総省、とりわけ統合参謀本部が難色を示し、一旦は足踏みするものの、「奄美の統治に年二〇〇万ドルが必要で、財政難下の重荷」（国務補佐官カットラー）との発言も追い風になり、一九五三年一月段階で奄美返還のアイゼンハワーの覚書が用意されていた。従って唐突といわれたダレス声明は、実際は水面下で相当に入念な下準備があったことになる。

そのダレスが一度だけ奄美返還に気色ばんだのは、泉芳朗の高千穂神社での断食決行

（一九五一〈昭和二六〉年八月）、それに続くハンガー・ストライキの拡大だ。奄美復帰協議会のこのガンジーばりの戦術は全国紙が相次いで取り上げたこともあって、世界中に反響を呼んだ。強引に単独占領政策を進めてきたアメリカ側には、国際社会のメンツを失ったような不快さを感じただろう。加えて奄美返還に汗水流すダレスにすれば、それは神経を逆撫でするものだったろう。「琉球でのハンストは心外。そのような示威行為はアメリカの立場を困難にする」と吉田首相との会談時に興奮のあまりか、奄美を沖縄と混同して釘を刺している。

しかし、あらゆる手法を駆使して訴える奄美の復帰運動に手を焼いて返還に踏み切ったものの、ダレスに不安がなかったわけではない。それはいわゆる「赤化の波」だ。日本を東アジアの「反共の砦」にしたいダレスと、肝胆相照らすマッカーサーは、自由化政策を一転して一九五〇（昭和二五）年、日本共産党の非合法化を示唆、徹底した共産主義勢力の弾圧、排除が始まった。

そして奄美の復帰運動でも実質、共産主義者たちが暗躍、仕切っていることを、CICを通じて察知していたダレスは、奄美を覆う赤化の波が基地オキナワに及ばないかを何より危惧していた。

そうした日本人を信用しきれない、ダレスのアジア人への猜疑心は、さらに戦後始まったフランス支配からの独立運動を目指す第一次インドシナ戦争で、フランス支援を選択させる。その背景にあったのは戦後アメリカを席巻した、反共運動マッカーシズムの後遺症が災いした「アジア専門家の空白」と評され、有力政治家たちの一種の思考停止、恐怖心が、ベトナム戦争泥沼化への道をも拓くことになった。

ダレス声明歓迎の郡民大会（名瀬小学校）

カメジローと奄美共産党

「一握りの砂も、一滴の水もぜーんぶ、ワシたちのもんだ」

戦後、沖縄人民党を組織し、米軍政に抵抗した瀬長亀次郎。彼にはおっかけがいて、カメジロー行くところ、老若男女がその魂を揺り動かす演説を聞き逃すまいと、ムシロを手に殺到。最前列の席を奪い合い、満員の会場は興奮のるつぼと化した。

瀬長は奄美復帰後に退去命令の出ていた奄美の党員を匿ったとされる、いわゆる「人民党事件」で一九五四（昭和二九）年十月、出入国管理令違反に問われ投獄される。二年後、奇跡の生還を果たすと、沖縄びとは那覇市長選に当選させるが、「赤い市長」の誕生はアメリカに衝撃を与えた。基地オキナワの赤化に怯える琉球列島米国民政府（ユースカー＝USCAR）は、瀬長率いる人民党の背景に奄美共産党、さらにはそれを通して日本共産党中央の介在、指導があると疑い、CI

熱弁を振るう瀬長亀次郎（「不屈館」資料）

Cを張り付かせ妨害。それにも瀬長はひるまず、演説は舌鋒鋭さ増すばかりで「瀬長ひとりが叫べば五〇メートル先まで聞こえる。沖縄七〇万が叫べば、ワシントン政府も動かせる」と叫んだ。

奄美共産党の介在……。その米国民政府の疑念通り、戦後の沖縄で初の大規模争議となった一九五二（昭和二七）年の「日本道路ストライキ」は、沖縄と奄美を一体化した復帰運動を模索して派遣されていた、奄美共産党オルグの林義己が指導したものだった。

沖縄では対日講和が間近なこの頃から基地建設が大車輪。清水、鹿島など本土ゼネコン二十数社が参入、基地バブルと化し、「幹部は高級車を乗り回し、現地妻をはべらせ、夜ともなれば地下足袋のまま、桜坂バー街を肩で風を切って歩き、カネの雨を降らせた」（沖縄タイムス『沖縄の証言』）。

一方、労働者は全国からかき集められたが、清水の下請け・日本道路は賃金も満足に支払わず、タコ部屋に押し込め、不満が鬱積。その労働者群に奄美からも多くの失業者が加わっており、一時沖縄では県人口の一割近くが奄美人に。林はたまたま平和通りで再会した満鉄時代の同僚が日本道路で働き、賃金不払いが起きていることを知り、早速、奄美出身者らに呼びかけ、労組結成に漕ぎ着けた。

賃金や労働条件改善を求め、ストを決行すると、運動は清水の採石場や松村組などに次々と拡大。立法院議員になっていた瀬長亀次郎も調査に駆け付け、林の活動を高く評価。これまで人民党にこだわり沖縄共産党結成に躊躇していたことを反省、「すまなかった。これからは一緒に闘おう」と詫びたという（大峰林一『沖縄非合法共産党』）。

この林指導によるハンストは、日本道路側がスト労働者の解雇撤回を表明するなど、労働者側の勝利に終わるとともに、その後、基地用地の一方的な収奪に抵抗する「島ぐるみ闘争」に繋がるなど、今に至る反基地闘争の先鞭をつけるものになった（中村尚樹『琉球弧に見る非暴力抵抗運動』）。

私は何度か林に会ったことがある。すでに名瀬で建設業に転身、家屋をそのまま移動する曳家を専門にしていて、「動かせないものはない」と豪語、甲高く笑った。すでに先鋭的な闘士の面影はなかったが、一本気で誠実さが感じられ、好感がもてた。

不屈の闘志・瀬長亀次郎の出所を祝う民衆（「不屈館」資料）

奄美共産党の躍進。この項ではそういう展開を構想したが、詳細は数多い先行研究に譲り、沖縄まで乗り込んだ奄美共産党の勢いを林義己で代弁した。

戦後すぐに奄美タイムス発行の傍ら、同志を糾合して奄美共産党を結成、泉芳朗を説得して奄美大島復帰協議会を立ち上げた中村安太郎。名瀬の一隅で近所の若者と新四谷青年団をつくり、旧来の青年団活動から脱皮した文藝や雑誌発行で仲間の輪を広げ、やがて奄美連合青年団として復帰運動の担い手になった崎田実芳。中村自身が「(復帰運動には)その先頭と中心に、常に郡民と固く結ばれた奄美共産党員がいた。彼らの献身なしには、この壮大な民族運動は成功しなかった」と自賛したように、振り返れば復帰前もその後も長く、貧しい市民や苦境の人々の隊列の先頭には彼らの柔和な顔があった。

市民はそうした献身から奄美共産党を支持、信頼の証に市や町の議会に送り出してきた。だが復帰運動の後半、激しい反共運動が奄美内部からも吹き荒れる。

実質か完全復帰か

委任統治（mandate）は第一次大戦後の国際連盟のもとでの統治方式で、実質的には受任国に任され、植民地支配に異ならなかった。これに対して信託統治（trusteeship）は第二次世界大戦後の国際連合のもとでの統治方式で、受任国が統治するが、国連理事会が監督・指導する点が異なっていた。だが両者はたびたび混同された。

従って講和の足音近づく一九五〇（昭和二五）年十一月、アメリカの対日支配を永続し、引き続きアジア侵略の足場を得たい、トルーマンの外交顧問ダレスが、対日講和七原則で「日本は琉球列島および小笠原諸島を、アメリカの信託統治下に置くのに同意しなければならない」との一条を示すと、奄美側から激しい拒否反応が引き起こされる。

翌一九五一（昭和二六）年七月の第一回「日本復帰郡民決起大会」では冒頭登壇した泉芳

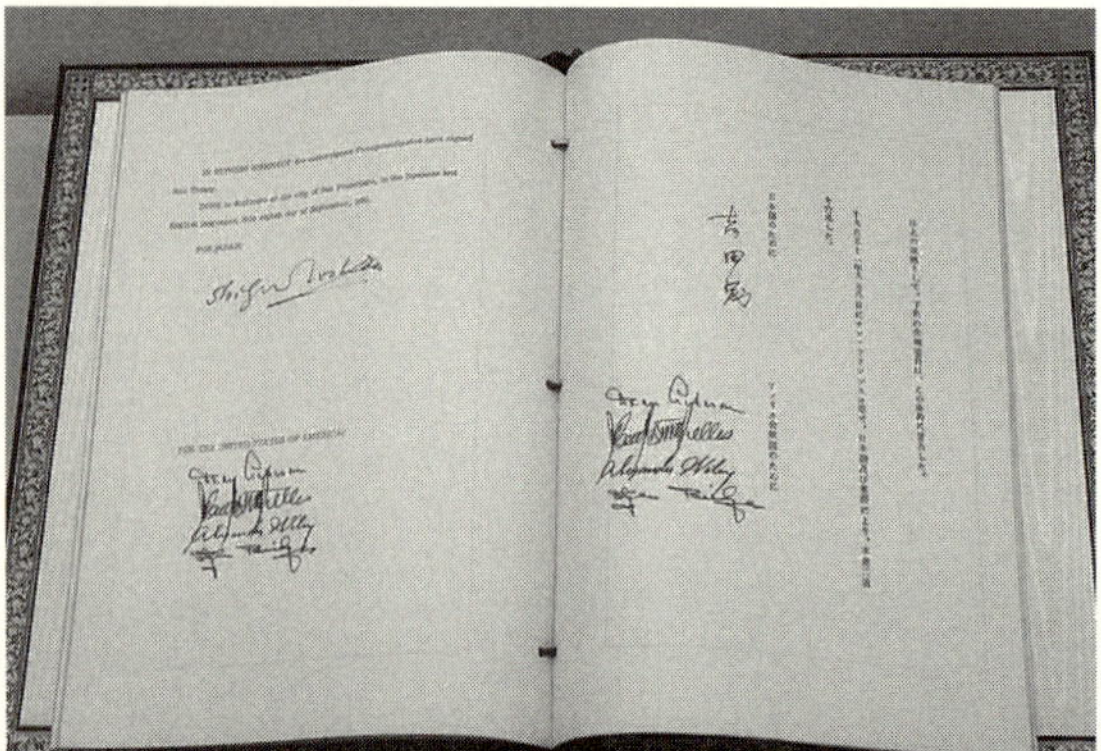

サンフランシスコ講和条約の調印文書（Wikipediaから）

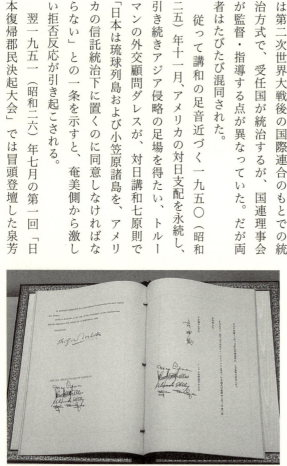

朗議長が「奄美の信託統治に二十二万郡民は絶対反対で、日本復帰まで我々は死闘を続ける」と決意表明。市町村代表らが次々と登壇し反対を訴えた。「大会は『日本復帰の歌』を全員が天地をゆるがす思いで合唱、真夏の夕暮れと共に幕を閉じた」(『祖国への道』)。

しかし一九五二(昭和二七)年四月、第三条で南西諸島を「合衆国を唯一の施政権者とする信託統治制度の下におく」と謳った講和条約が発効。日本は独立を回復したものの、沖縄・奄美や小笠原は米軍の占領が合法化され、誰言うとなくこの日を「屈辱の日」と呼ぶようになった。

ただこの条約三条を巡る講和の枠内復帰(実質復帰)か、三条撤廃(完全復帰)かはこの時期から奄美内を揺るがして喧しく、同時に論争は亀裂を生んで、「復帰運動の内部は本土においても、現地奄美においても変質し始める」(『祖国への道』)。

その導火線役を担ったのが東京都復帰対策委員長の金井正夫で、一九五一年九月、奄美復帰対策協(奄美大島復帰対策協議会)に送りつけた、いわゆる「金井書簡」で、「アメリカの一存で奄美は返還できるし、信託統治は提案しないという見通し(実際にもそうなるのだが)が強い。従って第三条撤廃のスローガンの必要性はなく、復帰運動一本槍で進めるべきだ」と記されていた。

金井は龍郷町浦出身で京都帝大から裁判官に進み、政友会から衆議院議員になったものの、敗戦で公職追放。戦後は弁護士活動とともに東京での復帰運動の担い手になった。

この法曹界の保守派論客が「実質復帰」を唱えたのは、実は外務省からの働き掛けによるもので、「アメリカが信託統治する見込みはなく、アメリカを刺激する信託統治反対の運動は止めた方がよい旨を告げられた」ためだとされている。

金井の提言は「理屈や建前より復帰を」とする保守派を活気づけ、さっそくこれに呼応して、校長から一般職員までの奄美大島連合教職員組合が賛成を表明。賛否が錯綜した復協（奄美大島復帰協議会）は一九五二（昭和二七）年十二月の第十四回郡民大会で「条約三条撤廃」はかろうじて堅持するものの、「復協内部からの政治色の排除」の緊急動議が出されるなど、もはや奄美一体の組織が瓦解し始めていた。

そうした流れは沖縄訪問中の鹿児島県知事・重成格の「条約三条枠内での実質復帰」発言でさらに加速、「東京を中心とした保守的な郷友の指導者によって醸し出され、さらに奄美でそれと脈を同じくする、皇民的思想の遺物を背負った民族主義者たち」（里原昭『琉球弧・奄美の戦後精神史』）によって、事態は実質復帰へなだれ込んでいった。

この実質復帰論への転換は「いわば『沖縄切り捨て』の論理でもあった」（神谷裕司『奄美もっと知りたい』）ことになり、奄美―沖縄の長い精神的紐帯に亀裂と遺恨を生むが、さらに神谷は「沖縄ではその後、復帰運動の過程で、帰るべきヤマトの内実を問いかけることになったが、奄美では本土のあり方を無前提に受け入れたと言って過言ではない。私はそのことが後々の奄美の『自立』の障害になったと考えている」と洞察を加えている。

奄美では以降、「沖縄は日本じゃない」といった、出し抜き的な差別発言と、実質復帰論の展開によって、沖縄、小笠原より一足早く日本復帰した。だが「こずるい奄美」

はやがて大きなしっぺ返しを食らうことになる。

即時復帰を求めるちょうちん行列（名瀬）

世論調査と台湾の反対

民主主義とは「選挙と世論調査」を指標とするという観念が、アメリカには根付いているフシがある。GHQの民間情報教育局CIEは一九五一（昭和二六）年八月、沖縄に琉球政府が設立されるのに伴い、その世論調査に日系人将校イシノ・イワオと日本人研究者を派遣した。

まさに一行が到着した時、奄美で祖国復帰運動が非常な盛り上がりを見せていることを耳にする。この時期といえば、七月に第一回郡民総決起大会があり、八月入りとともに議長・泉芳朗が一二〇時間断食に突入したあの夏だ。調査団は急きょ、対象地を奄美に変更し、島民意識を調べることになった。

結果は彼らの予想を凌ぐ圧倒的な「奄美復帰の促進」だった。復帰支持99％（信託統治1％）で、日本との結びつき（50％）、現状より利益が大きい（31％）を支持理由にあげ、早期返還（96％）だった。また復帰問題では沖縄とは事情が違う（89％）と答え、奄美は鹿児島県の一部（34％）、奄美人は大和民族（23％）、奄美の言語・生活習慣は日本に近い（13％）を理由にしている。

興味深いのは「信託統治」についての項目があり、「信託統治に最適な国」を挙げさせるなど、アメリカ側の信託統治への拘りが垣間見える。しかしサンプル数一五〇〇のこの調査結果のいずれも、予想通りアメリカ側を落胆させるもので、世論調査はその占領政策にも大きな影響を与えたとみられている。

筆者が気になったのは復帰の理由を「鹿児島県人だから」と答えた数の意外な少なさだ。それはまた心のつぶやきというのか、居酒屋論議というか、繰り返される「奄美独立論」との相関だ。

——最近、中村（安太郎）さんが一種の奄美独立県構想を話されたそうですが、鹿児島県大島郡でいいのか、それとも宮崎についたほうがいいのか、大阪がよかった、東京がよかったという議論がずっと奄美にはあるわけです。つまり鹿児島の一部であることに対する反発が強いわけです。

「それはあります。日本の現状の中で、奄美がもっとよくなる道があるかといえば、ない。やっぱり独立した県になるしかないだろうと。たとえば鹿児島県の一般的な論の中には、大島が復帰するということに対し、非常に反対空気があったんですよ。あんな貧乏な大島が返ってきたら重荷になる。そういう考えですね」

これは奄美独立県構想について沖縄問題の論客・新崎盛暉が中村安太郎に昭和五〇年代にインタビューした一部で、奄美復帰に対する鹿児島への意識が語られ、復帰が呼び起こす波紋が単純でなかったことを明かしている。

またこれとは別に、西村富明『奄美群島の近現代史』は一九四七（昭和二二）年、奄美タイムスが「復帰が実現すれば、一県として扱う」とする日本政府筋の情報を報道しながら、「（奄美側は）なぜ関心を持たなかったのか。財政力が弱かった奄美群島政府のイメージが悪かったのか」とせっかくの「奄美県」を逃したことに言及しているが、あるいはこれは「奄美人民共和国」樹立を掲げて船出した、奄美共産党がその後、復帰運動を民族運動として位置づけ、「日本復帰」へと転換した後遺症もあったかもしれない。

一方、こうした奄美の行方に対する議論にさらに一石を投じたのが、すでに復帰秒読みに入っていた一九五三（昭和二八）年十一月、中華民国（台湾）が突然突きつけた奄美返還への反対表明だ。同国の特命全権大使・芳沢謙吉は岡崎外相に、

①琉球列島は中国の領土
②奄美はその一部で、帰属は米英中の三国で決せられるべき
③沖縄も奄美も日本が武力で占領したもので中国は承認していない
——を理由に正式文書で反対を表明した。

これに対し外務省の回答がふるっていて、奄美が日本である理由の一つに「（奄美は）島津藩統治下で多くの代官が派遣され、血族的にも島津と密接だ」とする件だ。もちろ

独立への道しるべを科学的に提示し注目を集める松島泰勝龍谷大学教授

ん科学的裏付けはない。アメリカを後ろ盾に、ハッタリで押し切ったのだ。しかし「中国領」は尖閣問題を含め、いつまたぶり返しかねないデリケートな問題のままで、沖縄では松島泰勝氏らの「独立論」も意気軒昂だ。

日米同盟再考 (22)

孫崎 享

文化

活発化する沖縄独立論

県民無視の政府に失望

天皇メッセージ

経済自立への道

「沖縄独立論」を報じる新聞記事（2014年・沖縄タイムス）

CICとはいったい誰か

『泉芳朗が赤くさくなった。近いうち思想転向するかもしれん』。奄美大島復帰対策協議会（一九五一〈昭和二六〉年）を立ち上げた自由主義者・泉と筋金入りの共産党員・中村安太郎の急接近は、CIC（米陸軍参謀二部防諜隊〈Counter Intelligence Corps〉）やその手先の諜報関係者を色めき立たせた」「とにかく米軍上層部では、奄美の復帰運動が共産主義者の扇動によって巻き起こったという思い込みがあって、とりわけCIC関係者の間で根深かった」（水野修『炎の航跡―奄美復帰の父・泉芳朗の半生』）

「（沖縄のCICは）八重山には三人ぐらいしかいませんでした。その下の協力者は沢山いました。つまり情報提供者です。CICは貿易には関心がなかった。関心があったのは外から入ってくる人物。スパイは密貿易船を使って移動したりしますからね。そういうことに神経質になっていた。当時の八重山の協力者は三十人位おりましたかな。トップが学校の先生で、次は財界人と政治家。なぜかって？ そりゃ色々便宜を図ってもらえるからだよ」（奥野修司『ナツコ 沖縄密貿易の女王』）

関係者が復帰運動を語る時、決まって眉をひそめるのがCICの存在だ。基地オキナワと、隣接する奄美を反共の砦にしたい米軍は、徹底して共産主義潰しを展開。同時に市民監視を奨励し、「民衆の多くはスパイ（CICなど）の密告の元、アメリカの直接の指示で行われる生活圏の剥奪（職場追放や渡航拒否）におののいていた」（中野好夫・新崎盛暉『沖縄問題二十年』)。

筆者が取材活動で偶然出会った密告社会の悲惨な例がある。太平洋の只中、北マリアナ諸島テニアン島は大正時代、南洋興発(株)が「理想の植民地に」とサトウキビの島に変容させ、沖縄移民で一時繁栄した。経験が買われ奄美からも昭和初期、多くのキビ農家が海を渡るが、太平洋戦争で米軍の猛攻を受け、サイパンとともに「玉砕」。しかし実際は移民や兵士らも生き残っていた。その中に名瀬出身の森眞良の家族が。引き揚げ船に乗らずに一家七人で残り、奇跡的に猛爆下を生き延びた。収容所生活を経て、一九四六(昭和二一)年、米軍政下の名瀬に。眞良は政庁で大工の仕事にありつき、よ

沖縄に渡った森一家(後列左端が長男・眞之)

うやく安定した暮らしも束の間、米兵が突然、家宅捜索し解職に。長男・眞之の話だと、どうやらかつてテニアンの屋敷の一室を日本軍が武器保管に使用していたことが密告されたらしかった。職を失い、追われるように全員で沖縄へ。再び一からの厳しい生活が始まった。長じて那覇市役所に職を得た眞之は、「移民の苦難を伝えたい」と高齢を押して、その流浪史を語り続けている。

隣人、同胞を陥れる密告社会。その実態を追うも、なかなかたどり着けない。奄美では資料的には「特高の前歴がある関直熊を課長とする公安課渉外係が秘密警察化し、CICへの情報提供を行っていた」（松田清『奄美社会運動史』）とあるぐらいだ。

だが一九五〇（昭和二五）年の共産党事件で名瀬小宿の自宅を急襲され、山に潜伏し本土に密航した徳田豊己の晩年の証言だと、「当時、小宿は『アカ村』と呼ばれるほど革新的な土地柄だったが、群島政府首脳の秘書Kがシロ組（共産党のアカに対抗する右翼の意）の若い衆を引き連れ、小宿大津で鉄砲撃ちをし、『自分たちアカへの威嚇』と噂が広がり、CICの手先と言われていた」。

しかしそのK氏に取材すると、「よく知らない。CICの協力者が誰で、誰からカネをもらい、何の情報を売っていたか、逮捕されて初めて自分が密告されていたことに気付く。関直熊？彼は政庁の警察本部長にすぎず、指令がない限り直接、公安活動はできなかったはずだ。時代が時代で、カネで仲間を売るのは日常茶飯事だった」と語り、「奄美のCICはマイヤーという人物がトップで、その通訳をしていたのはK、

T、H……」と数名の実名を挙げ、関係をにおわせた。

敗戦国・日本の国民を監視し、反米思想とその動きを洗い出すGHQの調査網は想像以上に広範かつ厳格だったことが、最近の早稲田大学特任教授・春名幹男らの研究で注目されている。それによると、戦後二億通の手紙類が密かに開封され、四千人の日本人検閲官が内容を分析、アメリカ側に報告していた。彼らが「敵国に協力した負い目」で闇に姿を消したように、沖縄・奄美でも相当のCIC協力者が存在し消えた。

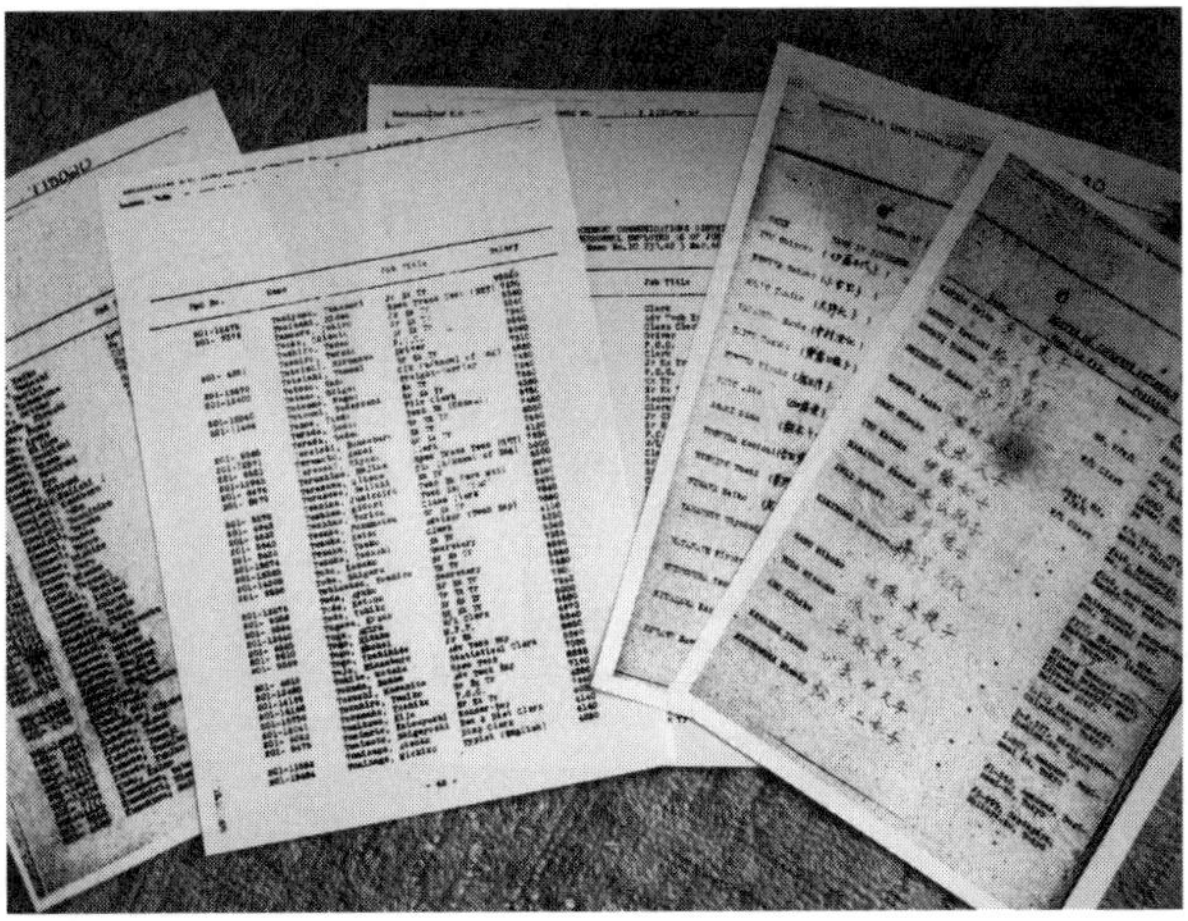
日本人の検閲者リスト

米人類学者の置き土産

この章のテーマ「赤と白のオセロ」は断るまでもないが戦後、共産党（赤）の躍進とその夷滅に血眼だった米軍、保守主義者（白）の攻防（オセロ）を表した。軍政府を根城にスパイ網を駆使し、復帰運動を弾圧する米軍は、どこか藩政期の仮屋で苛斂誅求《かれんちゅうきゅう》を課す悪代官と二重写しになるが、来訪者がすべて例外なく、圧政者やその分身でなかったことも記しておきたい。

軍政下の一九五一（昭和二六）年、奄美で文化人類学の調査があった。調査団の中にニューヨークのシラキュース大学の教授ダグラス・ハーリングという人類学者がいて、この人類学者は奄美の数少ない郷土史家や民俗研究家に大きなインパクトを与え、復帰後の九学会連合の奄美調査の先鞭をつけたばかりか、帰国後にGHQや国連に対して「奄美の復帰は不可避」と報告、大きな置き土産を残した。

ハーリング（ヘーリングとも）は一九一七（大正六）年、人類学を中断して宣教者として東京へ。活動中、理由は不明ながら突然破門され、大恐慌下の母国に帰還。不遇な時代下、友人の懇意でシラキュース大学の新設学部に職を得、さらに日米開戦で「日本通」が引く手あまたになり、ハーバード大学の陸軍民事学校教官に抜擢。熟達した日本語を駆使し、文献読解などで一躍脚光を浴びた。

さらに戦後、琉球列島学術調査（サイライ＝ＳＩＲＩ）の一員として奄美大島へ派遣される。これは軍政府から民政府へ改組されたアメリカの琉球統治に、新たな統治制度を築こうと専門機関である全米学士院が陸軍から契約を受けて行ったもので、民政府行政官への報告が課せられていた。

ハーリングは奄美入りを前に東京で、民俗学者・柳田国男を訪問し下調べ。柳田の紹介で群島政府立・奄美博物館の民俗学研究員だった山下文武を訪ね、連日のデモで沸き立つ島の各地で、山下と同じく博物館主事だった文英吉の協力のもと半年間、各種調査を展開。一旦東京で整理後に帰国し、シラキュース大学で八十六ページに及ぶ報告書をまとめた。

「琉球諸島における科学的調査：琉球諸島北部奄美大島」と題した報告書は一九五二（昭和二七）年十月、国連、米陸軍省、国務省、ＧＨＱ、琉球民政府に提出されるが、彼が接した奄美関係者や民衆の動静をもとに「奄美の復帰は不可避」と断じた。

その経緯、詳細は神奈川大学・泉井英計の研究に頼ると、「（復帰運動を）扇動しているのは共産主義者だが、彼らを愛国者にしたのは奄美以南を分離した合衆国の方針からで、奄美の軍事的使用を継続するのであれば、むしろ日本復帰という希望を叶え、友好関係を築くことだ」と提言していた。

そうした米学会の重責の発言は、当然占領政策の在り方全般にインパクトを与えるが、ハーリングが特異なのはそれに留まらず、奄美が薩摩藩の直轄支配地であった歴史的背景をも分析。「明治維新からの日本への統合は、島民にとって中央政府への従属と見るより、薩摩藩からの搾取解放だった。また隔離され発展を阻害されてきた島には、近代文化の恩恵が施されず、従って日本政府は彼らには自由と進歩の象徴で、いかなる形であれ、日本からの分離は忌避されるべき」と断定している。さらにハーリングは島民が「信託統治」と戦前の「委任統治」を混同、「日本が委任統治していた南洋群島の住民と同じ扱いを受けることに怯えていた」とも報告している。

私がハーリングを知ったのは郷土史研究家・山下文武の教えによる。博物館時代、山下は身近で仕えたハーリングの謦咳《けいがい》に接し感銘を受け、さらに人生を変える出来事があった。国内留学をハーリングによって勧められ、東洋大学に進学するが、「貧しかった私に進学費用から生活費、それも四年分を一括送金してくれた」。山下は渡米を夢見ながら帰省。その際に「名瀬市誌」編纂に協力を求められて地元に定着、古文書掘り起こしなど今日の奄美郷土史研究の貴重な基礎を築いた。

山下はハーリングを生涯の師と慕い続け、晩年まで「本当は自分も歴史ではなく人類学、民俗学をやってみたかった」と悔やんで見せた。国境や人種を超えた師弟愛が、奄美の歴史研究、文化を大きく前進させた。

戦後来島したゼローム神父も奄美復興に尽くした。和光園の入所者救済に奔走し、「奄美返還」を公言して憚らなかった。

第三章　青空と教室

教科書を消したのは誰か

「戦争が終わり、壕《ガマ》の闇から解放された人々の目に、青い空と広い海のまぶしさが強烈に焼きついた。〝鉄の暴風〟が去り、ようやく平和が訪れたのである。沖縄の教師たちは軍国教育を反省し、『アヲイ　ソラ　ヒロイ　ウミ』のことばに、平和の尊さを込め、戦後初めて教育を受ける、小学校一年生の教科書の第一ページに記したのである」

評価高い『高等学校　琉球沖縄史』の著者・新城俊昭が思いの丈をぶつけたこの名文は、しかし前段が欠けていることを指摘しなければならない。

「墨塗り教科書」だ。戦後再開された教室で子供たちがまず取り組んだのが、教科書を墨汁で塗りつぶすことだった。

敗戦の翌月、文部省は次官通牒「終戦ニ伴フ教科用図書取扱方ニ関スル件」を全国の地方長官に送達、軍国主義や超国家主義の匂いの濃い、教材の修正を指示。そのため各学校では大急ぎで、それまで使っていた教科書の不都合な部分を墨で消す、いわゆる「墨塗り教科書」が出現した。どの箇所をどこまで消すか。実際の判断は文部省の通達の趣旨に沿って、学校単位に委ねられ、教員が印鑑を突き合い確認する念の入れようだった。結果、「ススメ　ススメ　ヘイタイ　ススメ」のページは文字も絵もすっかり真っ黒になった。

「墨塗り」は公的資料がなく、その教科書自体もほとんど消失しているが、沖縄・奄美でも行われていた。宮古島では「軍国主義的、親日的内容の教育は禁じる」との軍政府指令で「修身」が廃止され、「歴史、国語で少しでも不適切な箇所は削除するよう命じられた」との記録がある。

また奄美でも広島大学教授・吉田裕久の面談調査で「教科書に墨を塗った記憶がある」「先生の命令で墨塗り、破り取りをした。明日は墨を持ってこいと言われた」といった奄美国民学校五年生（当時）らの証言が採録されている。

一九四五（昭和二〇）年春から夏にかけ、沖縄は「鉄の暴風」で、地形が一変するほど猛爆に晒され、荒廃の極みにあったし、奄美もまた空襲で多くの施設や家屋が焼けた。再開された学校にはろくな校舎はなく、大木の木陰を利用したり、軍から払い下げられた古テントや廃木で日陰をつくった「青空教室」だった。黒板もありあわせの板に墨を塗って使い、

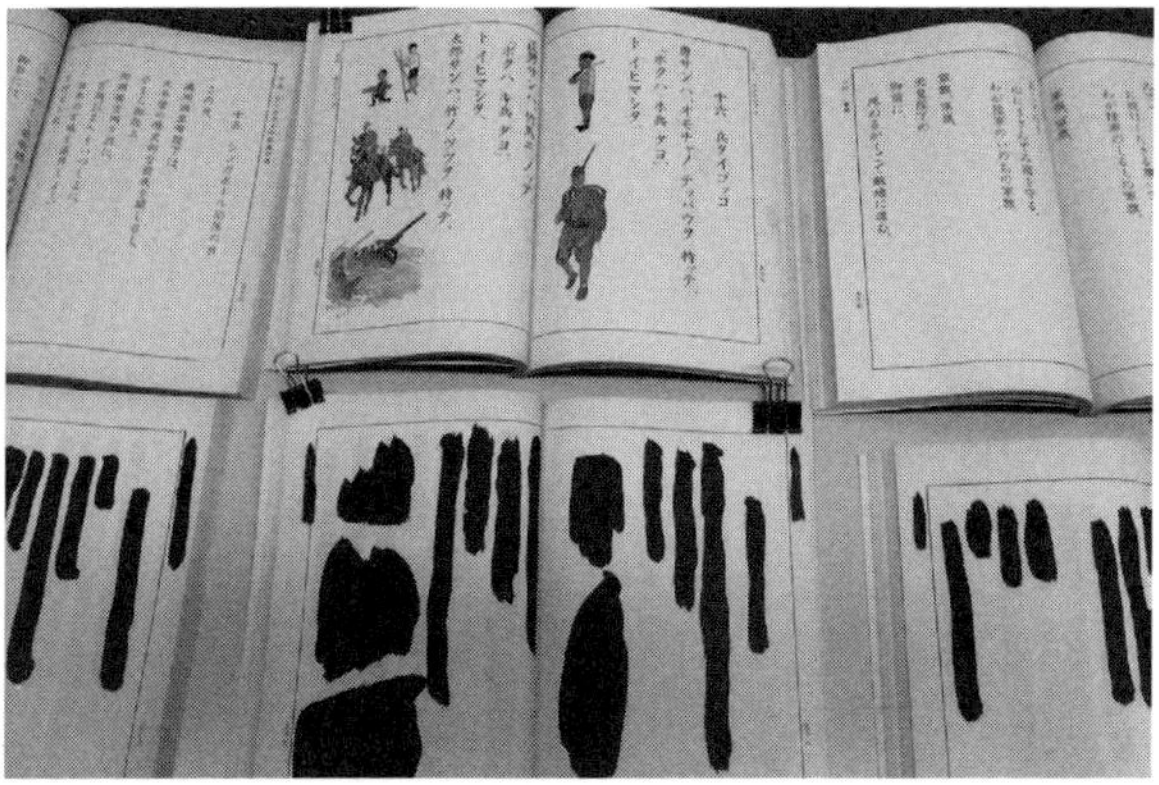

墨入れで真っ黒になった教科書の復刻版（「平和のための戦争展」から）

地面に砂文字を書く学校さえあった。

そのなかで、わずかに焼け残った教科書を、奪い合って学ぶ子供たちの〝貴重品〟に、教師たちは「墨を入れなさい」と命じたのだ。

良心の呵責がなかろうはずがない。不名誉なせいか教師側の証言が乏しいが、子供たちは当時の衝撃を鮮明に記憶していた。中学二年で敗戦を迎えた児童文学者・山中亘は「それまで使っていた教科書の、軍国主義的な記述に墨を塗ったのは屈辱だった。『いずれこの墨は全部引っ剥がす、大日本帝国を復興させる』とその時は思った。しかしやがて民主主義も悪くないと思うようになった」。

千葉大学名誉教授の岩田昌征は「『明日は墨、硯、筆を用意して来なさい』と言われた。翌日、先生が指示する教科書の箇所を黒々と塗り潰す作業があった。国民学校二年生だった私達には、その意味が全く分かっていなかった。だが後年になって知ったことだが、上級生や中学生たちはその行為の精神的意味をつかんでいて、彼等に軍国主義教育をさずけた先生たちや、その上に君臨した国家への不信感を心に刻んでいた」。

墨塗りには別の見方もある。「当時の文部省の教科書墨ぬりの発想は、機密書類の焼却と似通った、つまり進駐する米軍の目から教科書の軍国主義的な所を事前に隠してしまおうという狙いがあったとも言われている」（『黒塗り教科書　前後』）。戦犯に問われるのを先回りして回避したのだ。

戦後教育の最大の問題点は軍国を鼓舞した教員の手で、真新しいはずの戦後が再開されたことだ。ＧＨＱは超国家主義者らを排除すべく、教員適格者審査で五十六万人を俎上に乗せ日本側に選別を委ねたが、実際の教職追放は五千二百十一人に留まった。当時、「外国」だった沖縄・奄美は誰一人問われることなく、戦後も教壇に立った。

戦時中の学校教練（「戦災資料館」資料）

ガリ刷り教科書の誕生

「アヲイ　ソラ……」に始まる沖縄独自の手作り教科書にはまた、それ自体の前史もある。沖縄戦直後、「ガリ刷り教科書」の編修と、その刊行を担った奮闘記だ。沖縄の教育者たちの身を挺した教科書に賭ける執念に触れ、熱いものがこみ上げた。

後に琉球大学教授となる今帰仁出身の仲宗根政善は、東大国文を出て帰郷。戦時中は沖縄師範学校女子部の教壇に立っていた。教え子たちは一九四五（昭和二〇）年三月、沖縄第一高女とともに南風原町・沖縄陸軍病院に看護要員として従軍。いわゆる「ひめゆり学徒隊」で、仲宗根は引率教官だった。しかし四月入りと同時に、米軍は沖を埋めた夥しい艦船群から一斉砲撃し上陸。猛火の中、南部糸満のガマに分散退避した。だが六月十九日朝、第三外科壕をガス弾が見舞い、学徒と教師八十一人が死亡する惨事になった。

焼き尽くされた沖縄（米軍海兵隊）

仲宗根は他のガマにいたが、絶望的な状況に「もはやこれまで」と、手榴弾で自決寸前、米兵に捕まり伊良波収容所へ。明日さえ見えないある日、米海軍文教担当の少佐ウィラード・ハンナがジープで乗り付け、山城篤男（県立第三中学校長、沖縄群島政府副知事）とともに石川収容所に。そこで命じられたのが教科書作りだった。

沖縄最大の四万人が暮らす石川収容所（現うるま市石川）は一九四五年八月、最初の行政機構となる沖縄諮詢会の発足の場としても知られる。日本がまだ敗北宣言する前、すでに軍政は「戦闘」から「駐留」の段階に移って、島民による自治を急いでいた。その諮詢会で最初にできたのが文教部で、キャンプ生活で荒み、ゴミ捨て場漁りに走る学童の姿を見かね、「子供たちに希望の灯を」と学校再開を急ぐことになった（最も早かったのは高江洲初等学校で四月六日開校）。

再開で最大の懸案が教科書の確保。軍政府に「日本の教材の使用は絶対許されない」と厳達された上、印刷機も用紙もない。沖縄全部の小中高生に教科書を配るため、仲宗根らが辿り着いたのが手づくりによる、謄写機を利用したガリ刷りの即製本だった。

八月には石川収容所の一角でハンナの指揮検閲と、文教部長・山城の監督による教科書編纂所が開設され、仲宗根は課長として陣頭指揮に。「新沖縄建設の意気を高めることをまず着眼におき、命の尊さを自覚、積極的に生き抜くことを強調した」（仲宗根）教科書づくりが始動した。

最初に手掛けた一年生の国語。書き出しをどうするか。子供たちの生活に即したものをと思いつつ、軍国的、日本的なものの排除を求められ妙案が出ない。「アカイ　アカイ　アサヒ　アカイ」はどうかと提出したところ、「君たちは日本が負けたという現実が分からないのか」と検閲官に叱責され、ようやくあの「アヲイ　ソラ……」に辿り着いたという。こうして謄写版にかけられた教科書は早くも年内には一部の学校に供された。

だが全教科を小一から高校まで執筆、ガリ版刷りに漕ぎ着けるのに、十数人の陣容ではどだい無理だった。奮戦むなしく、自前の制作を断念。一九四八（昭和二三）年六月、軍政府側に「現状では物理的に不可能。もはやかくなる上は日本本土から輸入を」と懇請。たまたまＧＨＱ教科書担当官が沖縄に転任し、仲宗根らの訴えを聞くや、即決で一三〇万冊を日本から運び込み、知念文教部へ。「僕はひとり、やっとこれで教育ができると、教科書の山の上に寝転んだ」（仲宗根）。

しかしその日本の教科書には地図一つから沖縄が消されていた。仲宗根は失望し上京、「沖縄を入れると検定に通らない」と渋る出版社を説き伏せ、別刷を送ってもらう。

「日本から離れて沖縄の教科書を作ろうという理念がいくらあっても、十数人の職員では間に合わせられず、現場では教科書不足に困り果てていた。それに日本から独立していくという考えが教育界になく、日本の教科書を輸入するしか道はなかった」

かくしてユニークなガリ版刷り教科書時代が幕を閉じた。だが一時期とはいえ、地域独自の教科書作りというある種、理想の教育姿勢がそこにあった。「沖縄語で教科書を」。当時そういう声さえあったという。

沖縄の収容所内の青空学校（1945〈昭和 20〉年 5 月＝沖縄県公文書館）

6・3制と教科書密輸

「金十丸は久しぶりのドックに入るために名瀬港から神戸に向かった。このとき、名瀬市内で教鞭をとっていた二人の青年教師（名瀬中の深佐源三、奄美小の森田忠光）が、コックの見習いに変装して乗り込んだ。新しい教育制度の下での教科書を本土で手に入れて、ひそかに持ち帰ってくるためであった。いわゆる『奄美の教科書密輸事件』の主役を、金十丸と二人の青年教師が演じることになった」（前橋松造『金十丸、奄美の英雄伝説』）

戦後奄美の教育界で語り草なものに、二人の現職教員の教科書密航（一九四八〈昭和二三〉年六月）がある。私は密かに「教科書決死隊」と呼んでいるのだが、「当時を知る奄美の元小学校長は『先生二人が手に入れた小冊子をガリ版刷りで子供たちに配りました。島の教育に大きなプラスとなったとともに、先生たちの密航などをきっかけに、教職員の間に本土復帰運動が燎原の火のように広がっていった記憶があります』と話してくれた」（別府育郎「『島育ち』と奄美復帰60年」）。

この教員密航は、一般には教科書不足を解決するた

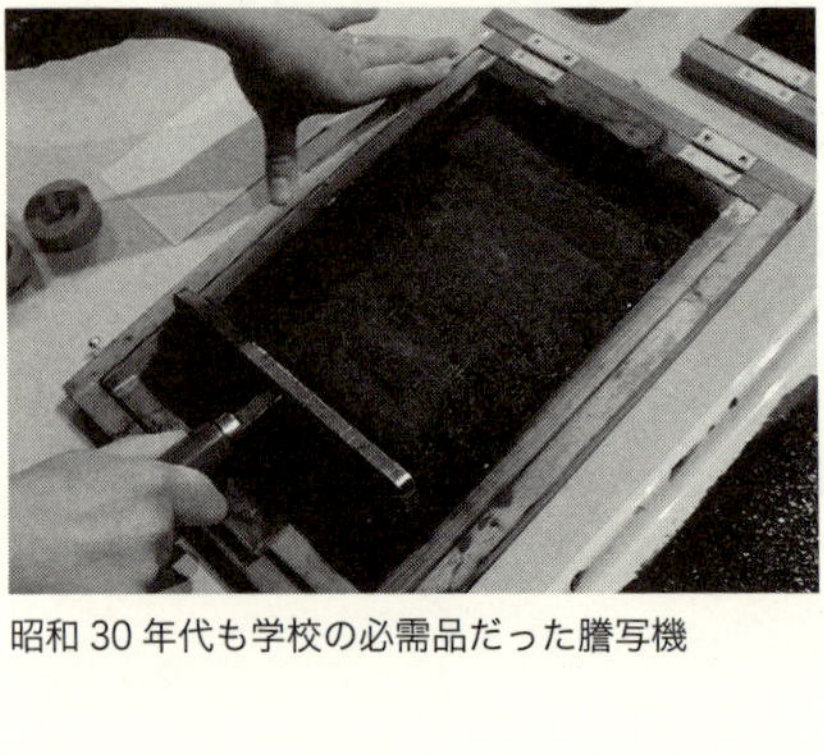

昭和30年代も学校の必需品だった謄写機

めと解されているものの、実際に託されたミッションは他にあった。文部省は一九四七（昭和二二）年四月から学校教育法を施行、学制改革で「6・3・3制」を実施したが、奄美側には情報がなく、島の教員たちは焦り、危機感を抱いた。教員総会で「新制度の法令集がほしい」「新しい検定教科書の現物が見たい」との声を受け、かき集めた黒糖や大島紬を費用として託し、二人が送り出されたのだ。

日本側の教科書はすでに奄美にあった。一九四七年夏、それまで教科書類取扱業だった名瀬の杉山商会（杉山親孝、笠利出身）が、斡旋の労を取り、戦後の暫定教科書の「分冊教科書」十五万冊を鹿児島からマクリ（海人草）や黒糖と物々交換。さらに追加分十二万冊も軍政府に密輸を黙認してもらい子供たちの手に渡った。それは一九四七年、大和村名音小四年生だった石神京子の回想、「ガリ刷りのザラ紙を綴っただけの本を二人で一冊ずつ見ながら勉強したものです。……五年になってようやく教科書が配られ」とも一致する。

しかし本土ではこの時期すでに、曲がりなりにも一部カラーを採り入れた国定教科書が発行されていた。なぜ古く粗悪な分冊教科書だったのか。

その疑問はさておき、筆者を落胆させたのは教科書問題における沖縄側との認識差だ。むしろそれは沖縄排除と言った方がいいかもしれない。沖縄では苦心惨憺、ガリ刷りながら自前の教科書をすでに完成させていた。しかしそれを無視するように、奄美側では終始一貫、本土輸入に教科書不足の隘路を拓こうとしていたのだ。

当時の奄美側の教職幹部の胸中が、復帰10周年記念誌に登場する。視学兼文教部長だった大重栄寛は「お隣の沖縄では二百人を動員しガリ版刷りで教科書を編集使用していて、教育係シーハ氏（ママ）からこれを参考にしてはと渡された。（しかし）私どもは何とか本土の教科書を入れたいと思っていた」と沖縄の教科書を入手しながら無視した形だ。さらに同じ政庁文教部の三原明夫は「あのころはアメリカ側の教育を強制されるか、日本の教育を守り抜くかの瀬戸際。そこで打った大バクチが教員を本土密航させる案であった」と述べ、教育法規や新教科書を密輸した二教諭の賞賛と共に、一年遅れながら「6・3制」導入に成功した実績を大書している。

しかし沖縄と袂を分かった独自路線も結局、6・3制の導入年次は同じだった。それにそもそも6・3制自体、戦後アメリカから導入されたものだ。奄美側の教科書対応に通底するのは「本土との一体化」の希求、強い帰属意識で、「換言すれば本土との分離を拒否する闘いが、奄美独自の教科書を編纂・発行することも、沖縄との共同歩調も選択肢から外された」（広島大学教授・吉田裕久）。

戦後初期、日本各地の学校現場はどこも、教師たちの熱情に溢れていた。それは国家にただ忠実だった戦前の教師像への痛切な反省から、自力で学校づくりに取り組もうとする、自主・自立精神の盛り上がりだ。その好例が山形の農村で綴り方教育を実践した、無着成恭による「山びこ学校」だ。

「統制の空白」とでもいうべき戦後の好機に、教育再生、創造の芽はなぜもっと育たなかったのか。「本土復帰」をただ叫ぶ奄美の教育者たちに、本当に足元を耕し興そうという気概、真剣な模索があったのだろうか。教科書輸入に見えるのは、ひたすら本土にすがろうとする追随の姿だ。

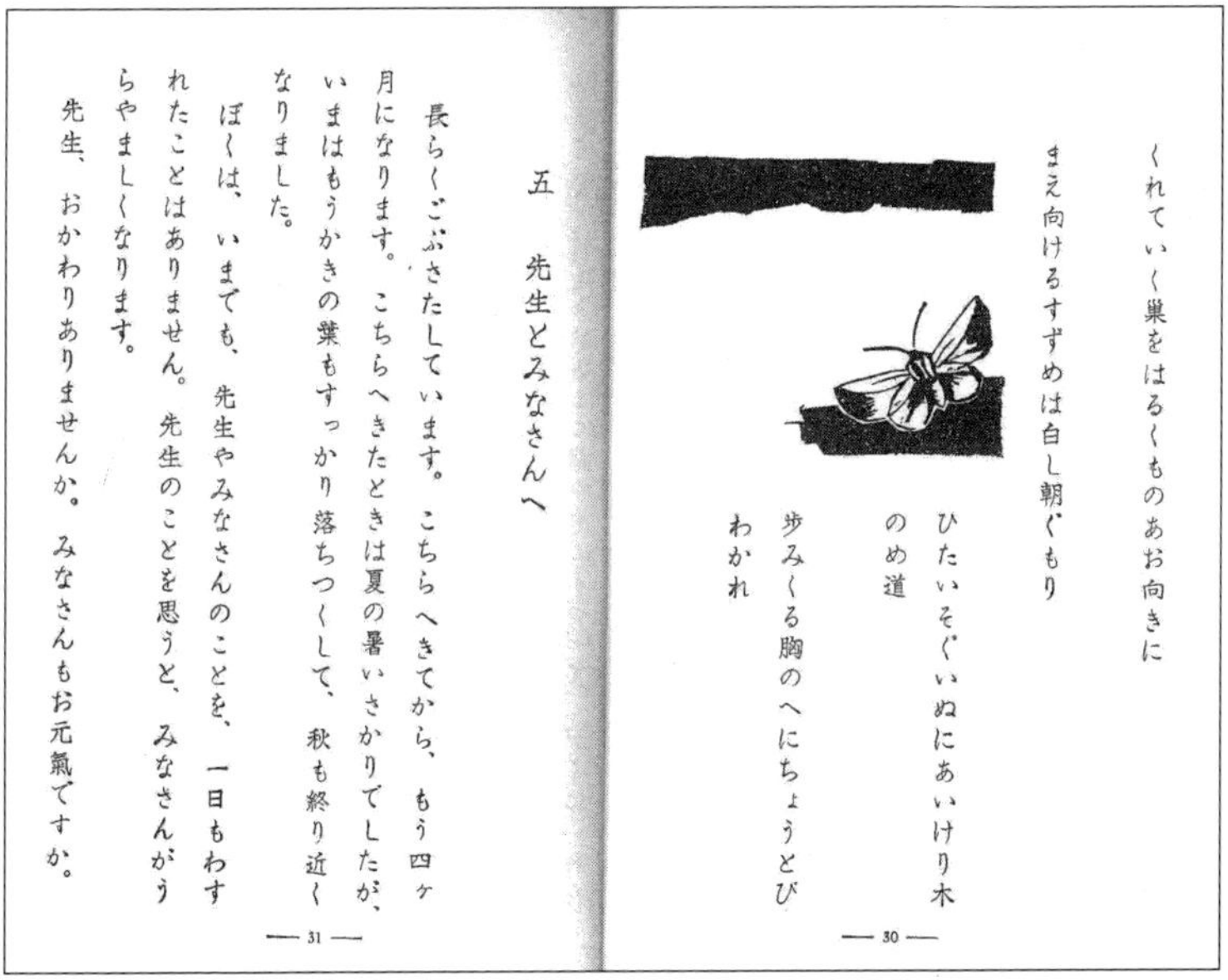
くれていく巣をはるくものあお向きに
まえ向けるすずめは白し朝ぐもり
ひたいそぐいぬにあいけり木のめ道
歩みくる胸のへにちょうとびわかれ

— 30 —

五　先生とみなさんへ

長らくごぶさたしています。こちらへきてから、もう四ヶ月になります。こちらへきたときは夏の暑いさかりでしたが、いまはもうかきの葉もすっかり落ちつくして、秋も終り近くなりました。

ぼくは、いまでも、先生やみなさんのことを、一日もわすれたことはありません。先生のことを思うと、みなさんがうらやましくなります。

先生、おかわりありませんか。みなさんもお元氣ですか。

— 31 —

戦後の文部省版教科書（1947〈昭和 22〉年のものか）

聖職者たちの嘆き節

奄美の教育界の戦後を知る資料に、復帰一〇年を回顧し展望した、大島教育事務局刊『戦後奄美の教育――祖国復帰10周年記念誌』がある。そこには公的にはほとんど残されることがない、教育現場でのナマのやりとりや本音が吐露され、貴重な一書だ。

なかでも「分離中における学校経営」と題した喜島範俊の回想文は、教育にかける一教師の熱情と信念が滲み出て、志の高さが胸を打つ。だが文は後半になるにつれ、以下のような訴えに変わる。

「魚三斤、それが新米校長の月給だった。妻は病床に伏し子は飢えに泣く。それが多くの教師の生活だった。『教員グヮし、飯が食えるか』。当時の教員の生活は惨めだった」

喜島は台湾・屛東航空隊で終戦を迎え、復員後、故郷の加計呂麻島・西阿室小学校に赴任。そこは旧兵舎を集落民総出で解体し運んで、焼け野が原に建てた茅葺き校舎で、父兄も集落も学校再興の気概に溢れていた。しかし、そうした現場の渦中にいる教師たちの生活は過酷で、「栄養不良と過労のため通勤の山道で倒れ不帰の人なった校長、栄養失調で鳥目になり、あたら一生を台無しにした青年教師、あのころの哀史をあげれば際限はない」。

筆者は名瀬小学校に通っていた頃、校長だった喜島を何度も見た。清潔さと誠実さが滲み出て、子供たちにも評判が良かった。従ってこの文には嘘偽りない心情が綴られているに違いない。そしてこの一書『戦後奄美の教育』は私の復帰への興味をも大いに刺激した。

だが連載を始めるにあたり再読して、何かひっかかりを感じた。違和感とでも言うべきか。そこには復帰運動を牽引した、同じ教員仲間の「復帰の父」泉芳朗の姿もなければ、子供たちがどういう毎日にあったかも、さらには激しい住民対立を引き起こした、学校統廃合問題も触れられることなく、ひたすら教職者たちの哀れな境遇が述べられているのだ。

「一〇キロもある山道を役場から配給物資を担いだ苦しみ、学校から帰ると休む間もなく鍬を担いで畑へ……。それでも食べていけない。『半日出勤に』『週五日制を』との叫びが湧き起ったものだった」。喜島だけではない。「教員の給与ではヤミ米二升しか買えない。軍政府直轄の郵便配達が校長よりも高い。無茶苦茶な制度だった。週五日制を採って、残りの二日は教員たちが沖仲士をしたり、薪取りをして生きる戦いもした。この苦難に耐えて教職を護り抜いたのが奄美の先生方だ」(三原明夫)、「優秀を誇った教壇人も次々と姿を消していった。老後の生活の保障もなければ、病気になっても治療は自費。生活は最低の維持さえ困難だった」(友野義国)。

この溢れる恨み節は何だろう。振り返れば、戦後の生活苦は奄美だけではない。三百十万人の同胞の命を奪って戦争は去ったが、在外軍人や海外引き揚げ約一千万人が新たに加わって、食糧難に拍車をかけた。上野駅では日毎六人が餓死、京都の戦災孤児院では毎日死人が出、国の統計(一九四五〈昭和二〇〉年)では栄養失調による餓死者が九千人にも達した。一九四七(昭和二二)年秋には、若い経済犯担当の東京地裁判事がヤミ米を拒否し、妻子を残して餓死。そういう悲惨な時代だった。

貴重な戦後教育の一書が、自らの不遇を訴える告発の書になっているのは、おそらく裏にその求める、訴えるところがあってだろう。

冊子後半に「教育財政の推移」があって、そこでは奄美の教員一千六五〇人の俸給の最高限度が本土より極端に低く、名瀬では10％の地域手当があるが、他では扶養手当、期末手当もなく、「病気になれば失業せざるをえず、退職手当もない」と訴えている。

記念誌が刊行された一九六五（昭和四〇）年は、前年に東京オリンピックで日本中が沸き、奄美では国の財政優遇措置「復興事業」が終わり、新たに「振興事業」へ予算獲得運動が過熱していた。「食えなかった」「苦労の連続」と教師たちが口を極めるのは、教員の待遇改善は当然、奄美の教育予算に対する国の分配増の訴えだったのだ。それは巻末の結びで、地味ながら「（奄美教育の）隘路を打開するためにも（新たな振興計画では）教育財政の充実を」と訴える箇所によく表れている。教育者もなかなか芸が細かい。タフ・ネゴシエーターである。

戦後の島の暮らし。茅葺き屋根の下では母親だろうか、裸電球の下で機織りに精を出している。

「奄美大島復帰協議会」分裂と教科書の行方

「教育のともし火を絶やすな。それは教師の合言葉であった。我々はすべてを失った。しかし子供たちの教育だけは、というのが奄美全教師と親の願いであった。復帰運動の原動力もまたここにあった」（喜島範俊『分離中における学校経営』）

奄美の復帰運動で八面六臂の活躍をしたのは奄美大島社会民主党など革新勢力とともに、戦後の占領軍推奨で生まれた労働者組織の一つ、「奄美大島連合教育会」（前身は大日本教育会県支部大島郡部会、後に連合教職員組合〈連教組〉）が双璧だろう。

奄美の教職者たちが校長を筆頭に大同団結などという図は今日的には考えにくいが、時下の共通課題、「待遇の改善」が呉越同舟にさせたのだろう。

三歩下がって師の影を踏まず。戦前、いや戦後も先生は偉かった。知のエリート、特権階級として村や町に君臨した。従って過半が尊大だった。私が帰省した昭和四〇年代後半さえ、集落の公式、私的行事では警察官と教員が招待席の上座を占めた。

戦後は青年団の時代だった。国家に代わって治安や地域活性化を担ったが、奄美も同様で復帰運動でも大活躍した。だが「ヤクザ踊りしか脳がない連中には任せておけない」とばかり、指導層を占めたのが、校長を先頭に先生たちが大同団結した連教組だった。

「沖縄もそうですが、復帰運動の中核をなしたのは学校の先生方ですよ。運動の骨組みを作ったのは教職員。あれは青年運動ではできないんですよ」（武田恵喜光＝群島政府社会教育課長、後に和泊町町長)。

しかし結び目は、ほどなく綻びとなる。オール奄美で結成した、かの泉芳朗がトップの奄美大島復帰協議会の内紛を引き起こしたのは連教組だった。一九五一（昭和二六）年九月、「復帰スローガンは早期復帰の一本槍で」と対米協調型の復帰を訴える金井書簡が届くと、これに真っ先に同調したのが連教組で、火種はやがて運動を右寄りに転換する潮目をつくった。

「(復帰運動を巡って)全面講和とか、条約三条撤廃とか、一党一派に偏した思想的、政治的主張が(復協内に)あった。わが連教組は絶対にこの考えを排除した。偏向的グループを抑え、敢然と立ち上がった」(長田重徳＝学校長、連教組事務局長)。

事実、復協内のクーデターともいわれる「革新同志会」という名の連教組や地方青年団の右派グループが以降、復帰運動を主導する。連教組の破竹の勢いが分かろうというものだ。

連教組から教科書販売を継いだ奄美大島書籍の株券が「最近持ち込まれ、手元にある」。楠田書店・楠田哲久氏から、連載中に情報を得た。株券には「設立・1953（昭和28）年11月2日」とあり、復帰直前の発足だったのが分かる。興味深いのは代表取締役名が「深佐源三」になっていたことだ。密航で本土から教育資料を持ち帰ったものの、CICへの密告で教壇を追われた深佐氏に対する、教育界からの同情と謝恩の意味合いを込め、連教組サイドからの代表就任の後押しで実現した人事だろうか。

「偏向グループ」の排除を誇らしげに回想する長田は、後に連教組組合長になり、復帰後にバトンされた日教組傘下の鹿児島県教職員組合（鹿教組）奄美地区支部の初代委員長にもなった。だが復帰運動の裏で、利益相反ともいえそうな行為があったことは記しておかねばならない。

それは教科書販売だ。戦後、学校内に購買部があって、鉛筆やノート類を並べ、子供たちに重宝された。その共同仕入れから経営までを担っていたのが連教組厚生部で、教科書も一手に取り扱った。当然、利益が還流され、連教組の活動、つまり復帰運動の資金源にもなったはずだ。一時、民間が教科書販売に色気を示すと、連教組側がこれを撃退する動きさえ見せている。

だが本土では戦後、教科書会社が地域独占を狙って、元教組委員長らを駐在員にし、学校側にもリベートを払っていたことが問題化、「教職者の介入」が一九五五（昭和三〇）年七月、衆議院行政監察特別委で追及を受けている。

連教組の教科書の販売独占についての是非は読者に委ねるが、復帰運動での強い発言権は、教科書で得た資金力の裏打ちが背後にあったためともいえる。従って冒頭の喜島の言は、「現実を美化、理想化しすぎている」と言えば角が立つだろうか。

奄美での教科書販売権は復帰実現とともに、ようやく連教組の手を離れ、やはり鹿教組支部や教員らが株主になって設立した、奄美大島書籍株式会社に移譲された。しかし短期間に経営が破綻し、完全に民間の手に移ったのは一九五八（昭和三三）年四月だった。

焼け跡と栄養失調

米軍支配から解放された翌々年の一九五五（昭和三〇）年十二月、屋仁川の割烹から出火した火魔は、折からのニシ風に煽られ名瀬市街地の千三百棟余を焼き尽くす大火になった。この年、新潟市でも八百九十二棟を焼失する新潟大火があったが、名瀬の場合は十月にも栄町中央通りから出火し、百十八棟を焼いたばかりで壊滅的被害になった。年の瀬に焼け出された市民は、着の身着のままが多く、親類縁者宅に身を寄せるも、ひときわ哀れな正月を迎える羽目になった。

まだ幼かった筆者も、あの一夜は鮮明に覚えている。当時、田上町（現柳町）の祖父母宅で暮らしていたが、真夜中に祖母にたたき起こされ、外に出ると

復帰運動でも団結ぶりを示した名瀬市消防団

紅蓮の炎がパチパチと音を立てて、仰ぐ夜空を染め上げ、舌端のように闇を犯していた。私は祖母の夜着の裾を掴んで、恐怖で震えていた。すると祖母が突然赤い腰巻を脱いで、火元の方向に打ち振った。「トオトガナシ、トオトガナシ」。呪文の効果か、火勢は政医院の直前で反転し、翌朝鎮火した。まだそのころまで田上町の山裾には実際に田んぼがあって、避難した家族には炊き出しが行われ、握り飯が配られた。

昼前になって消防団員の祖父が疲れ切った顔で帰ってきた。祖父は戦後すぐ名瀬市消防団に加入、川畑吉之助副団長（後に消防長）下の第一分団長だった。名瀬漁協役員が本業だったが、男気の強い性格で、栄町大火で体調を崩した上に無理を押して出かけ、それ以降は寝込みがちになり、三年後に腹膜炎で亡くなった。

消防組織法が施行されたのは一九四八（昭和二三）年だ。自治体消防、つまり公務員の消防組織が市町村ごとに配置されることになるが、米軍統治下だった名瀬市に消防本部が設立されたのは大火の翌年の一九五六（昭和三一）年だった。従ってそれまでは江戸火消しの流れを汲む、無位無冠の火消請負人たちの世界だった。消防本部制導入で、名瀬の消防力は著しく向上するが、それは同時に火消したちの首切りにもなり、強談判もあったらしい。だが私の知る消防団員たちは朗らかで団結力が強く、我が家では毎晩のように大宴会。今にして思えば酩酊状態でよく現場に駆け付けられたものである。

名瀬大火は消防ポンプ車の故障や悪天が重なったが、もう一つに家屋の密集もあった。戦後、近隣町村から職を求め家族で移り住んだ人々が山裾まで住家を押し広げていた。

街中に至っては小さな路地を挟んで、文字通り九尺二間の長屋風が向き合い、トタンも不足気味で板葺屋根が多く、一旦火が出るとメラメラ燃え広がるのは必然だった。そうした環境のなかでも住人たちは気さくで情厚く、親戚同然のつきあいで味噌、醤油を貸し合い、共同ポンプの一角を洗い場に、主婦がコメを研ぎ、傍らで幼子たちが行水し、日暮れまで歓声が絶えなかった。

大火の翌春、筆者はまだ黒焦げの柱が突っ立った焼け跡を横目に、名瀬小学校に入学、山田薫先生のクラスの一員になった。先生はまだ若く、あの喜瀬訛りの割れ声で、教室中を跳ね回る子らに叫び続けだった。

あのころの仲間たちはチビで青洟を垂らし、学童服に拭うため袖が黒光りし、頭はガサバチ（瘡《そう》）だらけ、不揃いで不格好だった。食糧難がなお尾を引いて、発育不全の仲間が学校を休むと、「栄養不良ちど」と噂し合った。栄養失調と呼ぶべきを、何か不良、非行行為があったように誤用していた。シラミ、トラホーム、日本脳炎、麻疹、腸チフス、インフルエンザ……。まるで病気の巣窟のように、流行病が仲間たちを襲い、落命も少なくなかった。筆者も麻疹が重篤化し一年間学校を休んで、天井板の節目を眺めるだけの暗く辛い毎日を過ごした思い出がある。

そうした危機的な状況を救うべく、ユニセフから脱脂粉乳が奄美にも届き、学校給食で供されたのは一九五四（昭和二九）年十一月。確かに世界中からの善意で奄美の学童もカロリー不足から幾らか救われたが、冷えると飲める代物ではなく、鼻をつまんで流し込んだものだ。ただミルクにする前の粉末は甘く美味しい。悪童たちは廊下に積み上げられた大きなロール状缶の横腹に鉛筆で穴をあけ、密かに古新聞に包んでおやつに持ち帰った。下校中に舐めていると、咳込んで青洟が白筋になり、それを笑って全員がまた粉だらけになった。

振り返れば、焼け跡に槌音響くなか、小学校に通い始めた筆者の傍らで、時代は急速に復興へ歩み出していたのだ。

大火の焼け跡を横目に通学する学童

暴力先生と「日教組」

鉄拳制裁は軍隊用語だが、戦後も子供たちは先生たちの理不尽な暴力に晒された。「校門をくぐると生徒たちがぞろぞろと校庭に集まっていた。これでは間に合わないと、靴履きのままカバンを置きに、廊下を走って教室までを往復、運動場のクラスの最後列に並んだ。やっと朝礼に間に合ったと一安心も束の間、『お前だろ、廊下を靴で走ったのは。バカモン』といきなり平手打ちをくらい目が眩んだ。この教師は戦時中、剣道教師を兼ねていたが、戦後はもっぱら国語だけを教えていた。目の鋭い、険悪な顔つきで、いつまでもネチネチと皮肉と嫌味を交えながら説教した。民主化されたはずの学校にはこの教師のように、いまだに戦時中の暴力気質を残している者もいた」終戦時、中学四年生で、後に教員になる愛知県・安藤邦男の自分史の一節だ。言うまでもなく安藤の怨恨は特別なものではない。居眠りをした、教科書を忘れた、よそ見をした、ぼんやりしている。ただそれだけの理由で、木刀で叩かれ、木製定規で打たれ、ビンタやゲンコツをくらった。筆者も高校時、剣道の授業で私語をしたという理由で、いきなり竹刀で喉に突きをくらい、暫く息が出来なかったことがある。

軍隊と学校が混同された戦前が、教員たちの手で戦後に継がれ、つい最近まで子供たちはその暴力に耐えねばならなかった。「あいつ（暴力教師）に卒業式には絶対仕返ししてやる」。そういう密かな企てが持ち上がるほど、心の傷を抱えた仲間も少なくなかった。

社会からの批判でようやく昨今影を潜めたが、暴力行為への教師自体からの自己批判はついに聞かれずじまいだ。

日教組委員長から参議院議員(全国区)に当選、凱旋帰郷した龍郷町出身の宮之原貞光の記者会見(一九七一〈昭和四六〉年)時の余談が、南海日日新聞の名編集長だった前田勝章によって書きとめられている。「『先生、あの時は徹底した軍国教育を叩きこまれていたものですが……』『まあ、まぁ…… 今はその罪滅ぼしのつもりでやっていますから』。私の意地悪な質問に先生は苦笑された」。

宮之原は大島中学から鹿児島師範を出て、故郷の大勝小学校を振り出しに鹿児島県内の小中学校で教壇に立ち、一九四七(昭和二二)年に統一した鹿教組(鹿児島県教職員組合)の初代書記長に就くや日教組中央執行委員に送り出され、書記長四期、委員長五期九年の戦後の日教組を代表する顔だった。

宮之原の変わり身の速さはともかく、戦後教育の民主化を支えた大きな力の一つに、教職員の組合運動への結集があった。今や日教組と文科省は犬猿の仲だが、そもそもはGHQによっ

名瀬の支庁通りにある教組の拠点・教育会館。財源難のなか、老朽化で撤去移転を迫られている。(2018年10月)

て団結権が推奨され、これを受け教員組合の発足を後押ししたのは文部省だった。

多様な組合運動を統一して一九四七（昭和二二）年、五〇万人を結集した日教組が誕生、一大労組になった。当初、共産党系の左派が主流を占めたが、社会党支持の右派が巻き返し、時流に乗って誕生したのが宮之原時代だ。槙枝元文書記長と共に、内部的には「容共路線との決別」を謳い、社会党一党支持に転換すると共に、外部的には政治闘争重視から、超勤手当など賃金闘争に軸足を移している。

こうした手腕とは別に、前記のようになお、宮之原の出自の異色さは関心を集め、一九七六（昭和五一）年、日教組を取り上げたベンジャミン・デューク著『日本の戦闘的教師集団』では、「戦後の日教組の幹部の中には、日本の左翼運動史に珍しいことではないが、戦前は国家主義だった人がいる」として宮之原の名をあげている。同様、『外人政治学者の日教組論』のドナルド・サーストンも宮之原の変節に興味を示し、日本の労組活動の本質に迫っている。

そのサーストンはまた文部省や教育委員会の戦後も続く「古い体質」を指摘し、「保守政治家が今のまま好き勝手にやっていると、戦前のような軍国主義的、国家主義的な文教政策が復活するかもしれず、（視点を変えれば）日教組は平和のために闘っていると言える」と好意的に分析している。

はたして今日の二割割れともいわれる教職員労組の若い組合員たちは、この四十年前の政治学者の指摘をどう聞くだろうか。

方言札とシマ・クゥトゥバ

教師による学童たちへの加害は、暴力に留まらず、「方言撲滅」という名の言葉づかい、精神の矯正にも及んだ。

「小学校三、四年生の頃から『標準語励行運動』が盛んになり、毎週のように週訓は『共通語を使いましょう』になっていき、校内に『方言札』が出廻るようになりました。放課後まで方言札を持たされ、『週訓を守れなかった者』として担任から注意されます。それが度重なると、放課後に残されて竹ぼうきの柄がバラバラになるまでお尻を叩かれることもありました。しかもその方言札が部落や地域にまで出廻るようになりました。おかげで家に帰っても安心してウチナーグチ（原文では琉球語）がつかえません。みんなだんだん無口になっていきました」

沖縄平和祈念公園資料館に展示されている「方言札」の複製

沖縄での方言撲滅の実態について同志社大グループがまとめた調査報告書に登場する、詩人で高校教師だった高良勉の証言だ。強弱は違うが奄美もまた同様で、実態はもっと酷かったかもしれない。

復帰直後、筆者の家の隣には大和村から越してきた同級生の一家がいた。わずか六畳一間の小さな小屋同然の家に、祖母、両親、弟妹二人の六人が暮らしていた。どうやって寝るのか実に不思議だったが、沖仲士の父親、紬工場へ母親、子供たちが学校へ行くと、老女一人が残された。筆者が訪ねると、皺だらけの手の甲に入れ墨した老婆はただニコニコして、口をモグモグするばかり。やがては無口になり、陽だまりでぼんやりすることが多かったが、祖母思いの同級生は、「シマに帰りたいち言うっちょ。名瀬の言葉が分からんからや」といたく憐れんだ。筆者はその時、初めて言葉の壁というものを知った。

その老婆のわずかな話し相手の孫からさえ、学校は方言を奪おうとしていた。「先生、○○君は方言を使いました」。密告屋のナオミのせいで、筆者たちはよく廊下に並ばされ、両手を前に出させされ、先生にしなる青竹で叩かれた。蚯蚓《みみず》腫れがひかないうちに、また方言を使い、青筋の上を叩かれた。

沖縄での方言撲滅が最も徹底されたのは、戦時中だとも言われている。軍隊が狭い島土に駐屯し島民をこき使ったが、彼らが最も警戒したのがスパイで、第32軍は標準語以外の言葉を禁止し、沖縄語を話した者はスパイとして処分するとの方針で臨んだ。このため教師たちは大急ぎで標準語励行を指導した。

そして戦後の米軍統治下。今度は「日本人」として祖国復帰を目指すという理由から、教員たちは再び自発的、主体的に標準語励行運動を指導し、治らない子にはみせしめや罰に方言札をぶら下げた。復帰前、沖縄を訪れた大学教授は高校の廊下に「共通語から祖国復帰」「恥じよ方言、誇れ共通語」の標語が張り出されているのを目撃している。さらには集団就職が本格化すると、今度は本土側から差別を受けない、子供たちのいじめ防護策との理由で標準語教育が正当化されていった。

歴史的には奄美はもっと古いかもしれない。

一六〇九（慶長十四）年、島津軍は沖縄・奄美に侵攻、奄美を直轄地にして土地と汗を搾り取るが、彼ら支配者の残した記録から、「人物、言語賤し」といった蔑視表現を見出すのはさほど難しくない。また自宅居間に珍羞を並べて本土役人を迎えた島の豪農が、庭に土下座して、「召し上がり候え」を真似て、「メショレ」などという使い慣れない大和言葉に悪戦苦闘する、その卑屈さと哀れさの滲む絵図を見ると、言葉さえいたぶられてきたこの島の歴史をまた振りかえらざるを得ない。

その延長上に方言札がある。「教師たちが親と毎日家で話している子供たちの言葉を否定し、暮らしぶりを賤しみ、シマは駄目だという劣等感を、教育の名で刷り込んでいた」（「沖縄『戦後』ゼロ年」）。恥ずべき精神的暴力と批難せざるをえない。そしてさらには復帰運動はその負の側面として、こうした方言撲滅や独自文化否定の側面があったことも、もっと捉え直されねばならない。

最近、全国的に方言復活への取り組みが見られる。奄美でもシマグチ大会やシマ唄大会が盛んだが、シマグチという言葉そのものが、方言という言葉を自虐化し、一層卑下したものであることに気付くべきだ。なぜ堂々とユネスコも認める「奄美語」だと名乗れないか。それが気恥ずかしいなら、せめて「シマ・クゥトゥバ」と改められるべきだ。

『南島雑話』に描かれた島詰役人の接待

教育者たちの戦争責任

「先生なんかが変ちょ」。ナオミツが首を捻ってそう訝しがった。放課後の校庭を見ると、体育服姿の先生たちが、先頭は竹箒を手に隊列を整え、「オキナワ」「ヘンカン」「オキナワ……」と狂ったように叫びながら駆け回っている。デモというものの実際を知らなかった小学生時代、一体何があったのだろうと、あっけにとられたものだった。

奄美返還後、次なる課題として浮上したのが沖縄返還だった。現地沖縄では米国民政府の厳しい弾圧で昭和二〇年代後半から暫く、「暗黒時代」が続いたものの、島ぐるみ土地闘争や瀬長亀次郎・那覇市長の誕生で再び気運が盛り上がり、一九六〇（昭和三五）年四月、沖縄県祖国復帰協議会（沖縄復協）が結成された。復協は超党派だったが、実質的には沖縄教職員会や革新政党が中枢的役割を担った。

やがて巡り来た一九六三（昭和三八）年四月二八日はサンフランシスコ講和条約発効から十年の節目。オキナワに心寄せる人々は、祖国と沖縄を分かつ恨みの北緯27度線の海上で、双方の代表団を乗せた船団が合流、黒潮の海で固く握手を交わして復帰貫徹の誓いを新たにした。以降、「4・28」は「沖縄デー」になるが、辺土岬と与論島の間で小型船に分散しての熱い海上集会には、奄美からも労組員らが参加している。

「沖縄を返せ」。全国各地の巷からそうした声が溢れ始めるなか、新たな局面が生まれた。ベトナム戦争の泥沼化だ。沖縄の基地から連日、爆撃機が飛び立つようになると、反戦運動がワシントンにも広がり、アメリカの沖縄統治をゆるがし始めた。

宮之原日教組は北爆が本格化した一九六五（昭和四〇）年七月、定期大会でアメリカの北爆を侵略と規定、「日本がその片棒を担いでいる」と糾弾、ベトナム反戦を日教組運動の柱に組み入れるよう呼びかけた。

だが日教組のベトナム反戦運動は沖縄返還運動に比べて盛り上がりを欠き、宮之原は一九六九（昭和四四）年、方針を転換、「運動の最重点を沖縄（安保）に置きたい」と表明。これ以降、沖縄復帰が再び日教組運動の中心に。教師たちは沖縄を交互に訪れて歴史を学び直し、日本の加害者としての戦争責任を問い始めた。

しかし教師たちのいう戦争責任は、「戦前、教室で殉国を説き、教え子を戦場で死なせたことへの良心の呵責、日本兵がいかに残酷だったか」の伝聞を述べるに留まり、深みに達しなかった。また「戦死した教え子と残忍な日本兵が同一者」であるという厳しい認識ができず、平和運動として限界を指摘する声が出ている。またそれは本土側に留まらず、沖縄側の教員にも突きつけられた両刃の剣でもある。

その未だ至らない戦争責任、加害責任の曖昧な自覚について、再び芥川賞作家・目取真俊に語ってもらおう。

「『教え子を戦場に送るな』というスローガンを日教組は掲げ、沖縄の教師たちもその言葉を繰り返します。それは『教え子を戦場に送った』ことへの反省として言われているのですが、そこで言われている『戦場』とはどこなのか。誰がそこを『戦場』

にしたのか。そのことをどれだけ教師たちは考えたのでしょうか。本当のスローガンは『教え子を侵略者に育て、アジア諸国を戦場にした教育者の戦争責任を忘れるな』とあるべきではなかったか、と思います」

あの活気あふれる日教組時代が再び蘇ることはおそらくないだろう。教職員労組はますます内に籠って、その活動維持が困難化するだろう。だがそんなことより遥かに大切なのは、戦争と憎しみの現今の世界の負の連鎖とどう決別するかだ。そうした厳しい命題と対峙しない限り、平和への叫びは空念仏になるだろう。やがて過半を占めていくだろう平成生まれの教員たちが、七十三年前の終戦の日の呆然自失、六十五年前の日本復帰の歓喜をどう血となし肉としていくか。課題は多いが、筆者の提案の一つは、身近なところから戦争とその悲惨を掘り起こし、掴み取る努力だ。

連載中、奄美郷土研究会会長の森紘道（奄美市住用町市在住）からこういう話を聞いた。高校までを沖縄で過ごした森の実体験だ。

「私が中学生の頃、沖縄に住んでいた時の話です。家の近くで、四メートルほどの竹竿に日常的に白い旗を掲げている家がありました。その家のブロック塀には三〇センチ四方くらいの板が打ち付けてあって、そこには『私の母（妻だったかは不確かですが）は日本兵に殺された』と書いてありました。日本兵に殺されたという文言が妙に記憶に残っています。その家は祝祭日になっても日の丸を掲揚することはしませんでした」

私たちはぼんやり反戦や平和を語りすぎる。

「日の丸」一つにも、それが込め持つ深刻さ、悲惨さを感じ取ることこそが、平和の大切さを伝える発信力になる。償いの過去はなお身近に多く埋まっている。

27度線上から沖縄復帰の誓いを新たにした海上集会
（沖縄県公文書館）

ホーチミン近いクチにあるベトナム戦争の史跡公園

第四章　糾える禍福

苦界に沈む島娘

真新しい潮を呼び込む展望も、自ら流れ出す勢いも失ったドロ沼のように、閉ざされ、行き場のない戦後奄美社会は、次第に腐臭を放ち始めていた。

さらに低物価政策や食糧三倍値上げなど、米軍の未熟な統治手法は、「ナベ底経済」の奄美に一層深刻な打撃を与え出した。

自主財源で運営を迫られた市町村は、税源確保にあらゆる課税を住民に課す。接客人税、ミシン税、家畜税、塩釜税、製粉機税、はては牛馬豚税……。手当たり次第、有り金を奪われる自営業者や農家は悲鳴を上げる。

「滞納農家に徴収に回る。何もないから鍬や鎌を差し押さえる。これでは農業が出来ない。困り果てた農家が翌日泣きついてきて、道具を返す。そういうイタチごっこ」(当時の名瀬市職員の証言)

一般家庭は飢餓に直面していた。「食糧三倍値上げ(一九四九〈昭和二四〉年)で豆腐のおからに塩をふりかけて食べ、質屋にはナベ、ハガマさえ持ち込まれた」(『名瀬市誌・下』)。名瀬市社会課は三倍値上げ後の食糧配給日から五日経っても受け取りに来ない、小俣、栄など四町一〇五戸を緊急調査。結果、「おからやイモ二、三斤を買って生活している」「夜具、衣類すべてを質入れして、配給を受け取る手持ち金がない」「家賃の滞納や借金で首が回らない」「郷里からのイモの仕送りでしのぎ、配給を日延べしている」

など学生、病人、老人、寡婦世帯の困窮が際立った。「ソテツ地獄」の再来である。

さらに「子供たちの教育だけは」と意気込む教職者の張り切りとは裏腹に、貧窮は児童生徒をも直撃。名瀬市街地三小中の「欠食児童」調査では、四八七人中に病気欠席一六一人、欠食児童五十一人もがいた。

飢えた島民は、基地景気の沖縄へ27度線を越える。ボート・ピープルのように。しかも驚くほど低賃金の日雇いとして。

「わたしの同窓生は一九五三（昭和二八）年、高校を卒業したが、まだ本土復帰は実現せず、就職口は皆無だった。いきおい彼らを含めた数万人という人たちが、米軍の仕事を目当てに沖縄に渡ったのだった。すごく苦労したらしい。浮浪者同然の生活を余儀なくされた時期もあったらしい」（登山修『学童の目で見た復帰前後の状態』）。

窮状は女性たちにものしかかる。

「(琉球政府時代) 沖縄に身を売りに行く若い娘たちもいました。これは本人も生活がきついものですから、どうにかして親に食べさせてやらなくてはならないので行くのです」（大和村のT氏のインタビュー証言）

横文字のネオンが林立する戦後のコザ（現：沖縄市）の歓楽街

また当時の雑誌には戦後鹿児島で結婚した夫婦が一九四七（昭和二二）年、妻の郷里の喜界島に移住するも、わずかな畑しかなく、翌年に名瀬に越したが、ここもまた生活が厳しい。沖縄から帰る人々が豪華なアメリカ製品を身にまとっているのを見て、「ユートピアに思えて沖縄に渡ったが、五日ほどで所持金を使い果たし、妻が体を売るようになった」とやるせない思いを語っている。

「沖縄の特飲街で働く婦女子の中には、奄美大島など離島から渡ってきた者が相当数いる。……郷里からは金を送れと催促され、いずれも特飲街から遠く離れ、その商売が何を意味するのかもわからない親だけに、ただ娘が送金してくることに涙を流して有り難がる。そして時に派手に着飾って郷里に帰ろうものなら、下へもおかぬ鄭重なもてなしを受ける。……しかし彼女たちの青春が日常の激しい生活苦のために、無慙にも踏みにじられていればいるほど、一層せつないものがある」（沖縄学生会編『祖国なき沖縄』）

シーツ政策での基地増強と雇用拡大、それと対照的な食えない奄美。さらに一九四九（昭和二四）年十一月、沖縄—奄美間が自由渡航になると、先を争って奄美から最大五万人（日本政府推計）ともいわれる青壮年層が海を渡り、建設現場だけでなく、女性たちが夜の特飲街に流れ、男たちの犯罪、ヤクザ渡世が増え、奄美人への悪評が立ち始める。

「犯罪と云えば大島人、パンパンと云えば大島人と云われる」。雑誌『新青年』（一九五二〈昭和二七〉年十二月号）が伝える奄美への罵りが、暗い時代にさらに重くのしかかっていた。

人身売買と主婦バイト

集蛾灯は光源が強いほど威力を発揮する。同様、光り輝く沖縄の基地経済はその圧倒的スケールで、強力な吸引力を発揮する。日本の国家予算が六千三百億円（一九五〇〈昭和二五〉年）時代、どれほどの規模だったか。

「基地建設のために空軍はすでに1・09億ドル（一ドル＝三六〇円）の予算を得た。今後さらに六千万ドルが追加されるだろう。陸軍は今後なお一億ドルでの追加予算を期待している。軍事施設の建設は現在、沖縄での最大の産業になっている。完成までに6・4万人の沖縄人が必要とみられている」

ジャーナリスト飯田清悦郎が一九五一（昭和二六）年六月段階で分析した、幾分控えめな『日米経済交渉』の分析通り、東西冷戦を反映したアメリカからの湯水の如き投資で、沖縄の基地建設はこの頃から本格化。淺沼組、大林組、鹿島建設、清水建設など日本の大手ゼネコン二十数社が一斉に参入し、空前絶後の好況を呈した。

これに伴い大量の基地雇用が生じるが、アメリカ軍は労働者をアメリカ人、フィリピン人、日本本土人、沖縄人の四種類にランク分けして賃金差を設け、沖縄人労働者は最下位。奄美人は沖縄をさらに大幅に下回った。

同時に旧コザ市や宜野湾、浦添一帯が基地に依存した市街地を形成し始め、男たちの欲望を満たす不夜城が出現。「ゴールド・ラッシュの街に吸いつけられるように、遠く奄美大島や沖縄の離島から女たちが集まってきて街は広がっていった」（池宮城秀意『沖縄のアメリカ人』）。

前節では奄美の労働層が自らの意思で海を渡った姿を描写したが、飢餓脱出の背後では、勧誘の黒子たちも蠢いていた。

一九五二（昭和二七）年の「日本道路ストライキ」は、奄美共産党オルグの林義己が指導したことは前に触れたが、その過酷なタコ部屋労働で問題化した日本道路が、奄美出身の担当者を名瀬に派遣、五百人の採用予告をしたほか、隅田建設、淺沼組も地元新聞に募集広告を掲載した。

つまり身内を使って奄美から低賃金労働者をかき集めていたのだ。またこうした過熱する雇用に合わせて、大島職業安定所は那覇近郊・安謝に駐在所を配置、無一文でやってくる同郷者に、簡易宿舎を提供し就職あっせんに乗り出している。

女衒も横行する。「越来村《ごえく》（現沖縄市）に住んでいる小城某なるものが、名瀬で女中をしていた二人の少女を『沖縄で二千円支

戦前、東北の寒村からもいたいけな少女たちが売られ、社会問題化した（『中央公論』1934〈昭和9〉年）

給して女中に雇ってやる』とだまして、兄や母親に一人につき五千円の身代金を渡し沖縄に連れてきて、客をとれと迫り、拒んだ娘に暴行を加え……」（沖縄朝日新聞）。

その娘たちをスカウトし、沖縄行きを後押しして、女衒から口利き料をもらう主婦のバイトも盛んだったという。

雑誌『自由』一九五一（昭和二六）年七月号に掲載された森和正の短編『鬼』。名瀬の主婦三人組が生活費の足しにしようと、親を亡くし叔父宅に身を寄せている娘を追いこんで、親方（女衒）に売り渡すやり取りが描かれている。斡旋はしたが結局、仲間の一人に出し抜かれ、親方と娘が沖縄渡りの船に乗る間際、娘に「（私の身売り代は）三千五百円だそうです。でも私は五百円しか受け取っていません」と泣かれ、仲間の裏切りを知る。船上で娘は涙にくれ、それを見た主婦二人も同情を示すが、船が立神に消えかかる前には、主婦たちの目はもう次の獲物を物色し始めている……。

おそらく小説の形態を採ってはいるが、実話をヒントにしたに違いない。売られ行く娘たちの背後に、生活の臭気に満ちた鬼たちの欲望が疼いていたのだ。

娘だけではない。『腹いっぱい飯が食える』という誘いにのって、小学六年生を頭に四人の児童が三千円から千五百円で沖縄に連れて行かれようとしていた。学校当局の機転で出発間際に保護されたが、この前後、奄美から百人を超える少年たちが糸満漁夫として沖縄に身売りされていた」（『奄美の烽火』）。

少年たちは自ら志願したのではない。今はもう聞かないが戦後、「言うことを聞かんとイトマンに売るぞ」と親に脅され、子供たちは震え上がった。子や娘を売った親たちは、良心の呵責を感じつつ、復帰を叫ぶ善良な市民の列に紛れ込んでいたか。

一九五〇（昭和二五）年以降、名瀬郵便局には沖縄出稼ぎ者からの送金が急増した。ナベ底経済は心や血肉を容赦なく売り払い、辛うじて均衡を保った。

今はさびれたコザの旧八重島特飲街

憎悪と敵対の渦

「ピストル男は大島生まれの脱獄犯」「転落の女二十六名、那覇署が密淫狩り」「大島青年米兵を刺す。闇の女めぐる兇劇か」

「奄美人差別をそそのかすような報道姿勢は、実は奄美の復帰前から始まっていた。戦後、ガリ版刷りの紙面から始まった沖縄タイムスや、沖縄各地の捕虜収容所で配布されたうるま新報の紙面を通覧していくと、奄美人を特殊視する見出しのオンパレードである」（佐野眞一『沖縄　誰にも書かれたくなかった戦後史』）

基地雇用とその周辺労働へ、奄美から大量に流出し、五万人とも言われる労働者群。だがそれ以前からすでに飢餓脱出が始まっていて、当てのない無謀な密航による沖縄渡りが、犯罪や売春への転落者を増加させ、沖縄側が社会問題として槍玉にあげ始める。

これを受けるように官憲側も動き出す。一九四九（昭和二四）年十一月の全琉球警察部長会議では「密航者の徹底的取り締まりを実施すると共に、正式渡航者でも身寄り又は渡航目的の漠然とした者には許可を与えない」旨を申し合わせている。そしてその際に公表した犯罪統計（同年一〜十月）では離島関係の被検挙者四百五十二人中、奄美出身者が半数近い二百十九人を占め、次いで宮古出身者百七十九人、八重山出身者五十四人。犯罪内訳では軍需品窃盗、密淫売、窃盗及び軍需品所持の順だった。

一部には佐野の表現を誇張で「沖縄を陥れる文脈」（ブログ『誇張された奄美差別』）と

の批判もあるが、警察統計に照らせば、「犯罪、パンパンと言えば大島」という批判が必ずしも的外れだったとは言えなくなる。善良な沖縄市民として足場を築き始めていた出身者たちは、さぞや肩身が狭い思いだったろう。在住の郷党組織・沖縄奄美郷友会は悪評返上にこの年の師走、就職斡旋や簡易宿泊所の提供に動き始めた。

だが翌一九五〇（昭和二五）年からの基地建設ラッシュ、さらには奄美側から吹き募り出した「沖縄抜き復帰」の主張は、もはや郷友会では手がつけられないほど事態を悪化させていく。

沖縄抜き復帰とは言うまでもなく、金井書簡を受けて、奄美復協が掲げてきた講和条約三条撤廃の要求を取り下げ、奄美だけが先に祖国復帰を果たすという戦術、「実質復帰」への転換である。すると途端に全琉の一隅であるとの認識は嫌悪すべきものに変じ、「奄美は沖縄ではない」「沖縄は日本ではない」といった敵対視発言が噴き出し始める。

たとえば奄美群島政府知事だった中江実孝はこう回想している。「昭和二五年、予算要求のために沖縄軍政府に出頭、総務部長チルトンと折衝した時、途中で『琉球』という言葉について議論が始まった。私は南西諸島という言葉は大戦が始まってから、日本の軍が使用した言葉だと言った。すると奄美はどう呼ばれていたか問われたので、強いて言うなら『薩南諸島』だと返した。議論が尽きないので、『ならば沖縄と奄美の違いを明確に申し上げましょう。奄美の南端・与論島と沖縄北端・辺戸は海上わずか七海里にすぎないが、それぞれの墓の形式を見れば一目瞭然、一方は日本の大和式、他方は支那式墓だ。このことで分かるではないか』と言ったら、納得した様子だった」(中江取材メモから)。

あるいはまた沖永良部島では一九五二(昭和二七)年秋に突如問題化した、奄美を南北に分断する二島分離説から復帰運動が燃え盛るが、「『帯の前結びをするな。沖縄に間違えられる。頭に物を乗せて運ぶな……』。和泊の婦人会を中心にして『復帰に差支える』と帯の後ろ結び(日本式)の講習会を開いたりして沖縄との絆を断ち切ろうとしていた」(川上忠志『沖永良部島の日本復帰運動』)。

自然と文化が類似し、ナハン世の歴史を経験、キョデ(兄弟)島と呼び親しんできた、この奄美側の変節と、基地オキナワにおける奄美人の悪評は、まるで黒潮の潮目のように、激しくぶつかり合って白波立ち騒ぎ、憎悪と敵対の波濤になった。

そして一九五三(昭和二八)年の奄美の祖国復帰は、沖縄側を一層落胆させ、取り戻しのきかない溝を生むことになった。

沖縄側がやおら反撃に出る。「奄美差別」を目に見える形で表し出し始めた。

アギャーと呼ぶ米軍基地からの略奪行為が相次いだ。
CP(民警)、MP(憲兵)の調べを受ける少年。
(Wikipedia から)

奄美人追放の石つぶて

「沖縄以南の同胞約百万人がいまだ『在るべき位置』のらち外に置かれているのだ。……日本政府はこれを解決するために、力を尽くさねばならない。そのためには世界平和と解放の理念を軸とした憲法の精神に立つ『現実の政治』以外にない。……光につつまれた奄美の歓喜のかげに、いまだ解決されざる問題があることを、われらは忘れてはならない」

奄美返還の一九五三（昭和二八）年のクリスマスの日、南海日日新聞の社説は奄美の喜び以上に、沖縄の哀しみを顧みて、政府の負うべき責を訴えている。

一方、沖縄側の報道はどうだったか。「大島復帰は嬉しいが、後に残される我々は誠に淋しい。……この次は沖縄の番であるから、今後一層復帰運動に力を入れるべきである」と率直な心情と決意を語っている。

だがエールの交換だけに終わらない、感情剥き出しの報道が沖縄側にあった。「奄美大島は本土へ帰るのであるから、沖縄在住の大島郡出身者も、沖縄から大島へ帰還したらどうか」。その刺々しい、離縁状のような報道はすぐに現実になった。

（……筆者は「差別」という言葉が嫌いだ。この言葉を引用したり、使わざるを得ない時、気持ちが塞ぐ。差別と訴える側に、本当に差別は一切ないのか。差別と叫べば事態は改善へと向かうのか。実際のところよく分からない。これまでに自らの文で、差別と書いてきたことにも、自責の念に駆られる。復帰問題でも、この悲しむべき言葉を使わざるを得ないことに、躊躇があったことは正直に申し上げておきたい）

沖縄側の奄美差別は復帰前からあった。サンフランシスコ講和条約の発効後の一九五二（昭和二七）年、四つに区分されてきた群島政府を束ね「琉球政府」が誕生。奄美はその一ブロックに位置づけられるが、初代主席・比嘉秀平は公務員給与に関する暫定措置令で「公務員給与ベースを沖縄三千六一二円、奄美二千八九〇円で沖縄本島を優遇した」（『奄美復帰史』）。

奄美側から抗議を受け、比嘉主席は改定を約束するも、「地域給によるもので、差別扱いではない」と正当化、このため沖縄優先主義との批判が湧き起った。また琉球政府に統合された奄美の警察官だけ一階級降格との提案もあって、「植民地的差別待遇」と比嘉の退陣要求運動が展開された。「われわれは日本復帰もできず、やむなく統合された琉球ではこの差別だ」（泉芳朗）。

奄美から湧き起る沖縄批判、沖縄からの奄美人嫌悪……。そうしたなかで奄美の祖国復帰は、より27度線で両者の関係を切り刻む展開になる。復帰によって奄美は「日本人」になり、沖縄の奄美籍出身者は「非琉球人」になったのだ。間髪を入れず、沖縄関係の主要な公職にあった奄美人に、次々と首切りが断行されていった。

その代表的な公職追放者が

▽琉球政府行政副主席＝泉有平

▽琉球銀行総裁＝池畑嶺里

らだった（「琉球電電公社＝屋田甚助」については、問題化したのは琉球電力総裁時で、一九六六（昭和四一）年から六年間の在籍記録があり、一連の奄美人解職とは別だとする指摘がある）。

なかでも池畑の場合、「奄美大島に出張中だったことから、米軍政府は復帰前日（一九五三〈昭和二八〉年一二月二四日）係官を派遣して、出張先で総裁解任を通告したといわれる。この総裁解任の通告は、当行の理事会に通告することなく、任命権を持つ米軍政府が独自にとった措置であった」（『琉球銀行三十五年史』）。

池畑はその明晰さで抜きん出、六年間にわたり米軍に協力してインフレを終息させ、沖縄政財界からも高く評価されていた。いかに電撃的な解任劇だったかが窺えるが、「奄美人攻撃」はそれに留まらない。

▽参政権の剥奪

▽琉球住民への転籍の厳格な条件化

▽引き揚げ時、所持金を最高七千二百円に制限

▽土地所有権の剥奪

――などだ。他の日本人には認められた政府税の外国人優遇税制度も適用されなかった。無職者は強制送還、日常も在留許可証を常に携帯せねばならず、二年ごとの更新を課せられ、公立の琉球大学にも入れなかった。他に民間でもアパート入居や商取引が「奄

美人」を理由に拒否された。

「リキ（琉球）人お断わり」。かつて大阪の理髪店で張り出された、琉球人排除の悲しむべき不条理が、今度は沖縄側から突きつけられた……。「奄美人憎し」。その激しい憎悪が奄美復帰で堰を切ったように吹き流れたのは、単に沖縄社会、琉球政府の恣意によるものではなかった。背後で突き動かしていたのはアメリカ軍政府だった。

1953（昭和 28）年にガリオア資金で完成した琉球政府ビル。アメリカ軍は沖縄へのプレゼントと称したが、地上四階建てビルの３―４階はＵＳＣＡＲが居座った。

中央政府主席の辞令を受ける比嘉秀平
（沖縄県公文書館・上下とも）

ユースカー、怒りの報復

「奄美人追い払い令」ともとれる、琉球政府の厳格で委細にわたる法運用は、沖縄社会からのしっぺ返しというより、アメリカ軍の憎悪の反映と見なければならない。

沖縄に君臨し、琉球政府を駒のように動かしたのは、軍政府を継いだ琉球列島米国民政府（米国民政府とも。略称ユースカー＝USCAR、一九五〇〈昭和二五〉～一九七二〈昭和四七〉年）だ。発足当初の最高責任者は民政長官と呼ばれ、統治の全責任を負ったが、アメリカ極東軍司令官（連合国軍最高司令官）との兼任だったため、実際には沖縄にいる民政副長官に職務権限を委任していた。その現地トップの四代目副長官の陸軍少将デビッド・オグデンは、奄美人締め出しに辣腕を振るうが、いかに米軍側の怒りを秘めたものであったか、彼が極東軍司令部の海軍少将ホール・ハンロンに宛てた極秘文書『Amamian Problem』で見てみよう。

「ご承知のように、奄美人たちは高度に組織化されており、奄美群島の返還の扇動に効果的である。実際に復帰団体は復帰の要求と寄付金を集約し、報道機関やラジオで継続的に広報番組をもっていた。これらの運動は委員会、代表団の派遣、代議士たち、陳情、決議、国会での審議によって、米国と日本の役人たちに対する、強い政治的圧力になることで増大された。もしも奄美人たちが当地に残留することが認められるなら、沖縄の奄美人たちが残りの琉球列島の島々の返還について、同様に扇動するべく、組織化され訓練されることは全く疑いえない」

オグデンの憶測を交えた文面から浮かび上がるのは、奄美共産党への極端な警戒心だ。すでに沖縄人民党と結んで、沖縄復帰運動に奔走する奄美からのオルグの拡大を恐れ、さらにはハンストを展開し、世界にアメリカの非をぶちまけた奄美の復帰運動に対する、ダレス国務長官の怒りと同列の感情が、この米軍首脳らを衝き動かしていたのだ。

オグデンが講じた措置は、奄美復帰からわずか四日後、つまり一九五三（昭和二八）年十二月二九日の米民政府指令第15号「奄美大島に戸籍を有する者の臨時登録」に現われ、奄美に本籍を持つ二万三千八八九人に身分証明書を受けた上での外人登録を義務付けた。さらに翌年二月、琉球人と非琉球人を出入管理令で隔て、十四歳以上の奄美人に指紋押捺、在留

「星条旗の下での自治は好ましくない」。松岡政保主席の要望でＵＳＣＡＲは 1968（昭和 43）年、琉球政府ビルを明け渡して、新たに浦添に移転した（Wikipedia から）

許可証を義務付ける厳格なものだった。それは奄美からの共産主義を防御するとともに、沖縄の奄美人のコントロールと監視、さらには強制送還という、今日の外国人労働者以上の締め付けと人権問題を含んだものだった。このため国会で奄美人に対する処置が問題化すると、オグデンは極東軍司令部と図って、「わざとゆっくり進む（追い払いの）アプローチ」を選択。他方では第二次入管令で売春婦、貧困層などの行政処分による強制送還規定も追加、実際に取り締まりにあたる琉球政府警察局の担当課長を「これで密淫や前科者がどしどし強制送還できる」と喜ばせている。

米軍政府の基地オキナワ周辺部への徹底した反共対策、それに関連した奄美人の沖縄からの駆逐がいかに強烈だったかが窺えるが、他面それはまた別に、沖縄の過剰人口問題が背景にあって、「共産主義者への取締まりだけでなく、人口問題という住民社会に内在する危機の管理もUSCARの奄美人政策にとって重要なイシューであった」と沖縄大学・土井智義は分析している。

いずれにしろオグデンから次代のジェームス・ムーアに至る副長官時代は、奄美人駆逐に留まらず、強制土地収用、人民党弾圧事件、瀬長那覇市長の追放事件など、沖縄戦後史の中でも「暗い谷間の時代」として記憶されることになった。

沖縄に留まった奄美人たちは、やり場のない疎外感のなか、沖縄復帰まで多くの制約に生きることになるが、奄美復帰直後、在沖奄美人の地位維持を求めて来沖した鹿児島県知事・重成格に対し、ブラムリー民政官は比嘉主席との会談で「奄美人は沖縄では幸福にならないだろう」と語っている。それは「自らの生み出す不幸について、まるで不可避の運命であるかのように語る、非常に冷淡な態度」(土井智義)で、米軍側の奄美迫害への執念深さを窺わせている。

泉芳朗を先頭に昼夜、内外問わずに展開された奄美の激しい復帰運動は、八年の死闘で結実はしたものの、まるでダレスの亡霊が蘇ったように以降、奄美人たちは沖縄で塗炭の苦しみを味わうはめになる。

オスプレイがずらり駐機する普天間飛行場。一帯も農民がブルドーザーと銃剣で追い立てられた地だ。

金門クラブと高等弁務官

那覇市上泉町の小高い丘の一角に、かつて「ハーバービュークラブ」と呼ばれる米軍将校クラブがあった。台風被害で知念から移転した新館は、USCARの高官たちがウイスキーグラスを傾け、料理に舌鼓を打つ、沖縄住民は立ち入ることのできない別天地だったが、後にパーティーには地元知名士も特別会員として招かれるようになった。そしてこのクラブを舞台に、戦後沖縄史の重要な幾コマかが決定され、ゆえに「沖縄の鹿鳴館」と称された。

クラブの現地会員の中にやがて流暢な英語を操る若手が増え始める。一九五二（昭和二七）年結成された親睦団体「金門クラブ」だ。彼らは戦後、アメリカ国務省の援助で米国留学の体験をもつ。船で沖縄を出て、かのロスのゴールデンゲイトをくぐって上陸したことから「金門」の名を冠したもので、戦後二〇年間に約一千人がアメリカに学び、帰沖して沖縄の一流人士になった。

そのゴールデンゲーターの一人で会長に就いた人物に宝村《たからむら》信雄がいた。彼が特異だったのは奄美出身というだけではない。その際立ちは後述するが、一九二二（大正十一）年名瀬に生まれ、大中（大島中学）から陸軍士官学校に進んだエリートで、マレー半島を転戦、大尉に昇進した陸軍の猛者だった。その元帝国軍人が敵国シンパに変じたのは、複雑な27度線の地政学が絡んでいる。宝村は敗戦後帰還し奄美群島政府に勤務。

一九五三（昭和二八）年の琉球政府誕生に伴い沖縄に渡って琉球銀行に転じ、「奄美復帰で琉球人になるか日本国民になるかの選択を迫られ、沖縄に骨を埋めるべく本籍を那覇に移した」（『日米琉特殊関係の政治経済史』）。

そして運よく一九五四（昭和二九）年、ガリオア留学生に選ばれ、人生の活路を拓く。アメリカでは伝統あるペンシルベニア大学ウォートンスクールに学び、経済学修士号を得て帰沖後、琉球銀行に復職、本格的なバンカーの道へ。

一方、復帰運動がピークに達していた奄美とは逆に、一九五二年の沖縄では対日講和条約の発効で、米軍が基地オキナワの占有を強め、その拡充策とともに、全琉統一の琉球政府に再編し、住民統治権をも手中に収め始めていた。

しかし現地では住民の人権、自治意識が高まって、前年には沖縄群島議会が「日本復帰」を決議。加えて一九五五（昭和三〇）年には米兵による連続幼女暴行殺人事件や、一時

大型客船で留学渡米する沖縄の若者たち（Wikipedia から）

金によって沖縄住民を追い立て軍用地化する、いわゆる「ブルドーザーと銃剣」を強行、島ぐるみ土地闘争を招くなど、反米運動が拡大していた。

これに対して米国民政府はあくまで強硬策一辺倒で臨んだが、一方で懐柔策として、親米派には経済優遇策を露骨に示し、反米運動を分断、そのため一時盛り上がった復帰運動も停滞したほどだった。

そうしたなかで、米側が現地沖縄との接着剤に利用したのが金門クラブだった。彼らアメリカびいきを通し、煌びやかで豪勢なその大国文化を宣伝、融和策を講じたのだ。たとえば月例会で高等弁務官を招かせて米側の政策をPRする時局講演（ゲストの中には瀬長亀次郎も）、ハワイを定期訪問し交流する活動が話題を呼び、その取り組みがマスコミにも取り上げられ、彼らの存在を際立たせた。と同時に、その堪能な英語力と彼らの進取の気風はアメリカナイズされた沖縄社会中枢への進出の道をも拓き、米国民政府管轄の金融、電力、大学、あるいは琉球銀行など間接的に影響力を行使できる組織に、大量に採用されていった。従ってそれへの羨みも込めて、「米留エリートに非ずんば人に非ず」と陰口を叩かれるほどだった。

反発と融合。沖縄社会は経済的な豊かさへの希求と、民族自決、固有文化への誇りとがつねに葛藤する世界でもあったが、しかし目に見える現実の力は、相変わらず支配者アメリカから派遣された一人の人物に握られ、彼らが手を翻せば晴れにも曇りにもなる世界に変わりはなかった。

そうしたなかに登場した第三代高等弁務官ポール・キャラウェイは、ひときわ癖の強い独裁者として戦後沖縄史にその名を刻んだ。昨今でも前知事の故・翁長雄志が辺野古問題で「辺野古か普天間か」択一を迫る政府首脳の強引さに、「キャラウェイに重なる」と反発したことで人々の脳裏に過《よぎ》ったが、気に入りの側近で固めるこの独裁政治家を、一躍有名にしたのも、やはり金門クラブの講演会だった。

「沖縄が独立しない限り、沖縄住民による自治政治は神話である」。「自治神話論」と呼ばれる、この金門クラブ例会でのキャラウェイ発言は、日本復帰を掲げて沖縄独立を主張し始めた世論に、「日本に返還されても結局は日本に従属するだけ」とざんぶと冷水を浴びせたのだ。そしてその発言の背後に、講演をお膳立てした側近・宝村信雄の存在が後に明らかになり、宝村は沖縄社会から深い恨みを買うことになった。

安倍政権批判にキャラウェイを引用した翁長前沖縄県知事の報道
（琉球新報・2015年4月6日）

「宝村天皇」の排斥

戦後の沖縄経済に画期を成したのは一九五八（昭和三三）年の「ドル通貨制」への転換だ。

それまでの軍票B円を、米国ドルに一新する高等弁務官布告は、春ごろから噂が広がり、沖縄では不安と動揺が広がっていた。地元新聞は巨大なアメリカ経済にスポイルされ、沖縄独自の産業育成が困難になると反対論が賑やかだったが、これに真っ向から反論し、「ドル経済歓迎論」をぶったのが琉球銀行調査課長・宝村《たからむら》信雄だった。

「奄美ではB円から日本円に変わったが、つぶれる企業や商店はなかった。むしろ発展している」

実際にも一九五三（昭和二八）年の奄美復帰時に米民政府大尉と名瀬でB円回収に当たった宝村は、復帰後の奄美の経済状況や、かつて軍票を大量に用いた戦地マレーでの指揮官としての経験論をもとに、『ドル切替の経緯と影響』など二論文を発表、ドル経済は沖縄を世界躍進に導く好機と強調した。

これには同じゴールデンゲーターの琉球大学助教授・久場政彦が「ドル切替え後の諸変動に対する考察」で反論、二人の応酬は「久場・宝村通貨論争」と呼ばれた。しかし現実にはドル導入でアメリカから企業進出や代理店開設が活発化し、景気が好転して雇用が拡大、ステーキや高級ウイスキー、貴金属に溢れるアメリカ・ミニ社会が出現。奄美側からこの時期、「沖縄再復帰論が出たほど」(吉田慶喜)だった。

かくして宝村は親米派として財界で一躍注目の的になり、米国民政府の財務部長ライマン・ハミルトンはその手腕を評価、高等弁務官ドナルド・ブースと図って一九五九(昭和三四)年、需要多い長期設備資金を融資する「琉球開発金融公社」を設立すると、その総裁に弱冠三十八歳の宝村を抜擢、意表を突く人事が耳目を集めた。

宝村はこれに応え、先見性と即断力で融資需要を捌いて地元産業界を後押し、その恩恵に浴した北部製糖は後に、敷地内の社員慰霊碑に宝村を合祀したほどだった。また彼に長年つかえた大湾朝明は、その手腕と人柄を「組織トップとして最高の統率力と先見性を備えていて、世間はキャラウェイとの密着をとやかく言うが、沖縄の経済開発に並々ならぬ情熱を注いだ」と高く評価している。

だが、年功重視の沖縄社会は、旧敵国に媚びを売って躊躇ない、大島人を許そうとはしなかった。やがてブースを継いでキャラウェ

蘭の展示会に現れたキャラウェイ夫妻＝那覇・琉米会館
(沖縄県公文書館・資料)

イが高等弁務官になると、この頑固な独裁者は、琉銀幹部の「のろまな仕事ぶり」を怒り、理事全員を解任。米国民政府高官の助言、さらには駐日大使ライシャワーさえ近づけず、一部の気に入りの同調者だけの側近政治を続けた。その側近ナンバーワンと評されたのが宝村で、琉球政府や財界首脳さえ、キャラウェイに取り入るために、いちいち宝村を介したため、世間から「宝村天皇」と揶揄され、恨みを深めることになった。

キャラウェイの独裁的手法はやがて本国からも不興を買い、ワシントン・ポスト紙は「アメリカが巨額のドルを投じて造り上げた基地オキナワを今や不満と挫折の充満する島にした」と酷評した。

独裁者はやがて三年の任期を終えて沖縄を去る。後任のワトソン、続くアンガーはキャラウェイ路線を修正、沖縄側の声に寄り添うよう方向転換し、宝村をも近づけようとはしなかった。虎の威をも失った失意の天皇は、八年間手塩にかけた琉球開発金融公社を一九六八（昭和四三）年辞職に追い込まれ、キャラウェイの後を追うように渡米。将軍の斡旋で世銀系列の金融機関に職を得るが、健康に恵まれず、沖縄復帰前に急逝した。

宝村信雄は奄美側では、奄美復帰時に沖縄で吹き荒れ、要職を相次いで解任された「奄美差別」の犠牲者の一人として記憶されている。だが実際それは、多少は沖縄側の排他的土壌の影響を蒙ったにしろ、奄美復帰から十五年も経過し、親米と排米とのせめぎあう、沖縄の経済路線の選択を巡る特殊事情から生じたもので、奄美人の公職追放者とは別項扱いにした。しかし、むしろこうしたエリート層の人生譚より、「強制送還に怯える奄美人ホステスが嘘か誠か、銭湯帰りに登録証を持っていなかったために送還された、などという話も聞かれた」（市村彦二『沖縄の知られざる差別』）といった、市井の悲しい奄美人像をもっと浮き彫りにすべきだった、という反省もまたしきりだが。

地場ビール会社をアメリカの技術者と視察する宝村信雄（右から４人目）
（沖縄県公文書館・資料）

鹿児島側の復帰反応

奄美復帰をめぐる27度線上の応酬を見てきたが、30度線の北側、つまり鹿児島で復帰はどう語られ、論じられてきたか。

戦後、鹿児島県政を担ったのは最初に官選、次いで翌一九四七（昭和二二）年から公選で連続二期就任した重成格だ。

岡山出身で東京帝大から内務省入り、兵庫県内務部長などを務めた。知事就任後、内務省検閲課長の前歴が問われ、公職追放運動が起きたり、総務部長から副知事に起用した保岡武久（宇検村出身）の人事に議会が反発するなど混乱が続いたが、「就任以来、奄美復帰に政治生命を賭け」（毎日新聞『激動二十年　鹿児島県の戦後史』）、その歴史的瞬間にも立ち会った。

重成が軍政下の奄美を初視察したのは一九五二（昭和二七）年十月二三日。すでに分離六年が経過していたのは、軍政府の了解が得られなかったためだ。この初視察も沖縄で開かれる九州商品展示会への代表としての出席を表向き理由にしたもので、表敬訪問した主席民政官チャールズ・ブラムリーに帰路、奄美行きを伝えた。「Ｗｈｙ」。ブラムリーの顔色が一変したが、「奄美でも展示会を開きたい」と伝えると、「現地では断食運動も展開され厄介な状況だ。どうしても立ち寄りたいなら復帰問題に触れないこと」と条件付きで許可、翌日昼に奄美入りした。

知事訪問にはこれに先行して、鹿児島県教育長・永野林弘（笠利町佐仁出身）が奄美入りし、教育事情の視察や知事視察のお膳立てに奔走した。やがて名瀬港に現れた美島丸に名瀬市長・泉芳朗が乗り込んで挨拶。ハシケで桟橋に降り立った知事は、大高ブラスバンド、児童の歓迎の旗波に響く、万歳の歓呼に驚きと感激を隠しえなかった。

さらに名瀬小学校での歓迎集会に向かう一行の行進には、沿道を黒山の人だかりが埋め、中から飛び出した婦人が知事の袖を握って「知事さん、日本に一日も早く帰してください」と涙で訴える一幕も。その歓迎の熱烈さに知事は「人生で二度とない感激」と永野に語り、二人はその夜、「奄美の実情を県民一般にも広く周知して、県民一丸になった復帰運動を展開していこう」と誓い合ったという。

終戦直後の鹿児島市街地。ここもまた焼け野原から一歩が始まった（Wikipedia から）

臍を固めた知事は臨んだ十二月議会で、現地情勢を報告。そのなかで地元奄美には宮崎県帰属、東京都帰属論もあって、「母県である鹿児島県に（復帰への）熱意がないのは、窮乏のどん底にある奄美の復帰を迷惑がっているのではないか」という疑問符にも接し、衝撃を受けた旨を述べた。このため県議会は「親愛なる大島郡の皆さん、大島が本県に帰属することにより、どのような影響があろうとも、すべてを超越し、同胞愛と県民愛で迎える決意こそ県議会一致の考え方です」とのメッセージを送った。

だが実際は翌年、ダレス声明を受けた後の九月議会になると、知事与党で保守・新政会の米山恒治が代表質問で「大島郡の予算の二部経済の採用」を迫った。これは他ならぬ奄美が一八八八（明治

奄美復帰祝賀式典で挨拶する重成知事（名瀬小学校校庭）

二二）年以降、大戦前まで、県財政のらち外に放擲され、補助・助成金支援を得られず、ソテツ地獄の辛酸をなめた「独立経済」の再現に他ならなかった。これに対して知事は奄美復興予算については「政府が施策し、費用も県に全面委託」としながらも、「従前のように特別会計にして二部経済で行くかどうかは大いに研究を要する」と濁している。

そのため問題は十二月議会でも蒸し返され、二部経済制が国の平衡交付金制度上から困難だと知らされると、保守議員から「事業費の項目の頭に『大島』と付すとかの措置が必要だ」との指摘が出るなど、奄美復興予算と県予算を厳格に区分し、「支出はびた一文まかりならん」といった声さえ出ている。

結局、保守勢力の強い意向を受けて、政府折衝の結果、奄美の復帰・復興に関する経費は「原則として国庫負担」で決着を見た。

後味の悪い県政議論を経て、重成知事は一九五三（昭和二八）年クリスマスの復帰式典に参加、再び島民から大歓迎を受ける。そしてその翌年一月、復帰実現のお礼へ、官邸に首相・吉田茂を訪ねる。懇談を終えて帰り際、吉田は重成の手を取り、「あなたのような方が鹿児島におられて本当に良かった」と固く握りしめたという。県政の内実を知り、やがて国政へ進出する重成は、素直に喜んだのだろうか。

「イモとハダシ」論

奄美復帰によって、27度線は必ずしも遠のき、霞んだ訳ではない。折に触れ、奄美は沖縄復帰運動の教材にも反面教師にもなり、比較され、是非論が闘わされ、互いを内深く見つめ合う存在であり続けた。

沖縄の復帰運動は昭和三〇年代後半に入って、ベトナム戦争における沖縄米軍基地の役割増大と反戦平和運動の高まりで、新たな視点で論じられ始めた。またアメリカのベトナム政策の破綻が米財政をも揺るがし、日米両政府は安保条約による日米同盟の維持に危機感を抱いて、沖縄の施政権を日本に返す方向へと政策転換を検討し始めた。

そうしたなかで一九六七（昭和四二）年に起きた、沖縄返還運動の先頭に立つ、沖縄教職員会（沖教）による教育公務員特例法（教公二法）の激しい阻止闘争は、日米政府に沖縄返還をすでに回避できない課題であることをはっきりと認識させた。これに幾分先立つ話である。

奄美の本土復帰は教育にどういう影響を与えたか。一〇周年に当たる一九六三（昭和三八）年十一月、沖教は調査団を派遣、約一か月に渡り奄美各地を調査。その成果をまとめ、『復帰一〇年目の奄美教育の現状――沖縄教育の比較』を刊行した。そのトビラには二葉の写真を掲げており、「復帰後のめざましい復興ぶりを示す名瀬市」「復帰後十年間に日本一を誇るまで整備された名瀬小学校」が飾られている。そして前書きに「(奄美では）祖国に戻った精神的安定感はもとより、物質的精神面にも復帰して後、飛躍的に良くなっている。とりわけ教育の振興はめざましく、復興事業二十八億円が文教施設につぎ込まれている」と復帰効果が強調され、「沖縄の教育は奄美より十年遅れの感がする」と現状への課題が報告されている。

この沖教の報告書は「奄美羨望論」として注目され、以降の沖縄の本土復帰への一つの論拠になった。一部財界からは「奄美は日本復帰したために、生活が非常に苦しくなっている」との指摘もあったが、一般的には県民に「復帰で奄美は飛躍的に発展した」というイメージを広げた。

だがその評価はわずか五年後に一変する。「奄美（郡民の暮らし）はイモ、ハダシ」論が登場したのだ。発言者は沖縄保守界の重鎮、西銘順治。初の公選による第一回琉球政府行政主席選挙（一九六八〈昭和四三〉年十一月実施、合わせて立法院議員選、那覇市長選があって沖縄三大選挙と呼ばれた）で、那覇市長を辞して打って出た西銘は、「早期全面返還」を公約する教育者で革新系候補の屋良朝苗に対し、「段階的復帰」を主張、遊説で「即時復帰すればイモ、ハダシの生活に逆戻りする。奄美を見れば明らだ」と言ってのけた。

復帰から十五年が過ぎた「奄美の生活がなおイモ、ハダシ」とする発言は大きな反響となった。その初の公選では日米両政府も西銘を後押し（外交文書で後に判明）しており、危機感を抱いた革新陣営はチラシ一万枚を配布し、打ち消しに躍起になった。ことほど左様に「奄美復帰」は、沖縄の復帰を巡る映し鏡でもあったのだ。

この発言にはさすがに、奄美側からも鋭い反発が起きる。「イモとハダシの生活が奄美のどこにあるのか」。名瀬市職労幹部から後に市議になる吉田慶喜は、南海日日新聞（一九六八〈昭和四三〉年十一月八日付）に寄稿、「これは沖縄の即時復帰を血の叫びとして結集している人びとへの攻撃であるばかりでなく、『三度のメシが二度になっても日本に帰ろう』と日本復帰をたたかい、今日着実な復興のあゆみをつづけている私たち奄美郡民への攻撃であり、腹立たしい思いで聞かないわけにはいかない」と憤懣やるかたない様子だ。

沖縄祖国復帰運動でも子供たちが動員された。
（沖縄県公文書簡館・資料）

奄美の復興の現状がすでに順風満帆であるかのような、踏み込んだ吉田の怒りの発言の背後には、奄美の復興の立ち遅れが強調されることは沖縄即時返還に水を差しかねず、加えて革新が担って成就したと自負する、奄美復帰の成果をも目減りさせかねないことへの反発もあってだろうか。

この奄美復帰を巡る論戦が展開された初の公選主席選は革新の屋良が当選、以後沖縄返還後も二期知事を担うが、敗れた西銘は衆議院議員に転じ、後にまた知事で登場。沖縄県政トップの座は復帰後、革新と保守が目まぐるしく入れ替わり続ける。

初の主席公選で当選した屋良朝苗（読谷村・資料）

復帰闘争と社会運動

「当時の儲かりようは『ドルの雨が降った』と表現される。『一晩だけでちょっとした家が一軒建つほどの収益があった。それが毎日だった』らしい。『閉店後には、床に落ちたドル札を塵取りで掻き集めて、ドラム缶や大型ビニール袋に詰め込んだ。入れきらなくて足で踏んづけた』という伝説も聞く」（ネット『チャーリーさんのタコスの味――ある沖縄史』宮武実知子）

ベトナム戦争は基地オキナワに狂瀾と恐怖を映し出した。嘉手納はB52爆撃機の「補給基地」から、一九六五（昭和四〇）年の台風を機に「出撃基地」に変じ、以降は連日轟音をあげて作戦行動に飛び立ち、遠いインドシナの地に、ジャングルといわず都市といわず爆弾、枯葉剤を雨霰と降らせた。

ベトナム人たちは沖縄を「悪魔の島」と呼んだという。ベトナムに送られるアメリカの新兵はまず沖縄に上陸し、金武や北部の特殊訓練施設で対ゲリラ戦訓練を受ける。そして沖縄から飛び立って行った兵士の四人に一人は還らなかった。明日の見えないアメリカ兵たちは、酒と女に酔いつぶれるしかなかった。前記のように、夜の街には兵士の膨らんだポケットから投げ飛ばされるドル紙幣が雪のように舞い降った。

さて、以降は「奄美での沖縄返還運動」を多角的かつ緻密な分析でまとめた一橋大学・小野百合子の秀でた論文（二〇一六〈平成二八〉年）に頼るが、ベトナム戦争の悲惨は沖縄復帰運動に取り組む、奄美側の問題意識をも刺激した。

それは「屈辱の日」（対日講和発効日）に合わせて一九六〇（昭和三五）年四月二八日に結成された、沖縄県祖国復帰協議会（沖縄復協）の誕生日に定期行事化していく、与論島沖の27度線での海上集会に、本土側からの大勢の参加者の宿泊や船の手配を鹿児島県教組奄美支部が担ったことにもよるもので、必然的に教職員らが沖縄返還運動を牽引するようになった。

そしてベトナム反戦運動の盛り上がりは、全国各地で「沖縄を返せ」の木霊になり、デモや決起集会が重ねられるが、一方で運動そのものが労組や革新団体止まりで、広範な市民の結集に至っていない現実や、奄美でも海上交流大会だけの、一過性の運動に終始しているジレンマが指摘され始める。

はたして形骸化した運動でよいか。その自省から鹿教組奄美支部は一九六七（昭和四二）年八月、現地沖縄に学ぶべく交流団を派遣する。その際まとめた、旧来の取り組みや奄美の沖縄問題に対する展望には、推し進めてきた社会運動と地域の関わりへの、忌憚のない心情が吐露されている。

「奄美の二十余万の全郡民の中で沖縄返還運動に参加しているのは何人いるのだろうか。少しなりとも関心をもっている人がどれだけいるのだろうか。沖縄返還の決議をあげた市町村議会がどれだけあるのだろうか。誠にさびしいかぎりであり、さびしさは『いきどうり』となってかえってきます」（『鹿教組奄美支部沖縄交流団報告・沖縄県

民は訴える』大津幸夫）

それは同胞・沖縄の地が返還されてこそ、真の奄美返還運動のゴール、成就であるべきが、郡民のほとんどは沖縄の復帰運動に関心を示さず、その現実の足元に苛立ち、運動の至らなさに向けられた苦悩から押し出された言葉に違いない。

そうした思いを抱えて出発した教職員たちは一週間、現地対話や基地視察を通して、肌でオキナワを感じ、新たな使命を持ち帰る。そして折よくコザ市PTA視察団、瀬長亀次郎の名瀬への来訪が続き、歓迎集会で運動を鼓舞した余勢を駆って十一月、商工会議所や市町村議会など、広範な団体も加わった「沖縄返還奄美郡民会議」を結成。以降、沖縄早期返還と、現地で苦しむ奄美出身者の差別撤廃の二本を柱に運動を強化、一九七二（昭和四七）年五月の沖縄返還実現まで旗振りが続いた。

そしてついに実現した沖縄返還の、本来輝かしいはずのゴールはだが、新たに沖縄の現状に対する怒りや失望を際立たせ、奄美の復帰運動が沖縄を見捨ててきた古傷も疼く、奇妙で悩ましいものになった。

顧みて私たちの目指した、沖縄との連帯と協調の旗印は揺るぎないものだったか。本当に心砕いた運動であったか。そういう問い返しを抱えざるをえなかったのだ。この章の終わりに一九七二年の沖縄返還を直前に、南海日日新聞が連載したシリーズ「復帰前夜――奄美の内なる沖縄」の一部を引用したい。

「『復帰記念碑』は、立神のはるか向こう――本土へ向って志向し、〝復帰の父〟の胸像はそこから心もち顔をそむけて、うしろなる南——復帰間近い沖縄へじっとそそがれている。いささかの感傷を許してもらえば、人びとの祖国思慕が切なるあまり、心ならずも見すててきたチョウデ島（兄弟）への、それは永遠にゆるしを乞いつづける詩人の目だ」

ベトナムへ、沖縄を飛び立つ米軍爆撃機

27度線で握手を交わす沖縄、本土の海上交流代表団＝与論島沖（沖縄タイムス）

第五章　政治の季節

英雄・泉芳朗の急逝

闇に花火がひと続きの音と光跡を引いて炸裂した。続いて祝賀サイレン、神社の大太鼓が鳴り、人々はまだ明けやらぬ辻々から繰り出し、「日本復帰バンザイ」を叫び、その歓呼が夜空にこだました。

一九五三（昭和二八）年十二月二五日午前零時の世紀の一瞬を、泉芳朗は名瀬の自宅から近い高千穂神社境内で迎え、提灯を手に押し寄せた群衆と復帰報告祭。さらにその足でおがみ山に向かい、前夜来の雨に洗われ、朝日に輝き始めた山々に目を細め、マイクを握った。「アメリカの好意と日本政府に感謝し、今日から日本人として、八千万国民と共に世界平和のために努力、貢献しよう」。

この日はさらに名瀬小学校で午前十時からの祝賀会を皮切りに、提灯行列、花火大会、郷土舞踊、旗行列、政府代表を迎えての公式式典、県大島支庁開庁式と一日中、慌ただしく行事が重ねられ、世紀の日が過ぎた。

だが「こうした祝賀気分が消え去った後、いったい何が残されたか」と高安重正が自著『沖縄奄美返還運動史』で問うている。

学童、老若まで動員した復帰運動の母体となった奄美大島日本復帰協議会（奄美復協）は、一九五一（昭和二六）年の結成以来、郡民大会二十七回、住民99・8％の復帰請願署名、波状ハンストを重ね、集めた闘争資金は七百五十三万円だった。

いつも祭りの跳ねた後の舞台はほろ苦い。残務整理の結果、百三十万円の残債が明らかになり、各町村の未納金九十万円を除く、残余の一般債務は一九五四（昭和二九）年四月までに債務者を説得し、喜捨してもらった。また奄美復協解散後の事業として泉芳朗を中心に復帰運動史の編纂委員会が組織され、奄美連合青年団と名瀬市が共同で手掛けた未完の原稿資料の出版を目指したが、費用捻出のメドが立たず書架に取り残された。いまその運動記録、新聞切抜き、一般会計書類、祝電類の資料群は県立奄美図書館に眠ったままだ。

復帰運動の終結後も暫く、泉芳朗には高揚感がとりつき、失意の人になるのに時差があった。一九五四（昭和二九）年一月、政府は特別暫定措置として衆議院議員選の奄美群島特別区を設け、十三年振りに国政選挙が実施された。これに泉が名瀬市長職を擲って出馬。以降、乱戦の初戦から再選挙、さらに一九五八（昭和三三）年の選挙まで三度出馬し、いずれも落選した。

冷酷な選挙結果が示したのは

奄美市名瀬のおがみ山に建つ泉芳朗の胸像

「復帰の父」はもはや「過去の人」だという烙印だった。本人は気づいていたかどうか、泉はすでに燃え尽き症候群に陥っていて、政界への野望も夢遊上の選択に思えてしょうがない。

復帰が確定した一九五三（昭和二八）年十二月に上京。復帰後の復興計画に関する国会で参考人として陳述するが、その時のメモには「ある新聞に、小生の下馬評がでていた事を聞き、まったく痛憤。現在の小生にそんなことを思ったり、しゃべったりする心のスペースなんか一厘一毛だってない」と認めながら、わずか一か月後の衆院選に出馬、保守乱戦の谷間で草刈り場になり落選する。

こうした担ぎ上げられれば我慢が効かない軽挙は、復帰運動の華々しい舞台に惑溺し、表舞台に立つことの快感にとりつかれたことによる悲劇でもあるのだろう。長く側近として、また雑誌『自由』の編集人として泉に仕えた永江則子は、「政治を嫌う先生が、友人たちが口酸っぱくして文学に引き戻そうとしたにも関わらず、政治に走ったところ

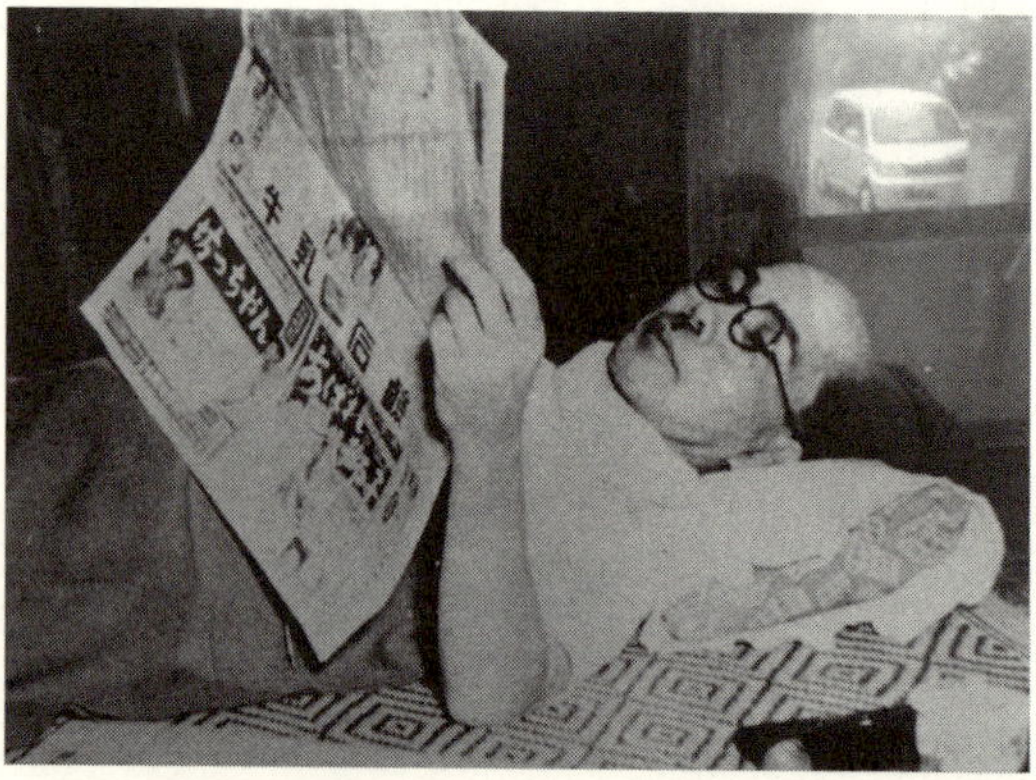

ふるさと伊仙の実家でくつろぐ泉（伊仙町歴史資料館）

に先生の弱さがあり、宿命があった」と珍しく師に素直な苦言を呈している。

ここでも残されたのは六十万円の借金と中古のダットサンだけだった。泉を担ぎ上げながら、最後まで闘争とその処理に付き添うものはいなかった。出馬に反対し金沢の実家に逃げ帰っていた喜美子夫人が呼び戻され、残債は泉の弟たちが故郷伊仙の土地を処分、整理した。

「暮らし向きがどうなっているか無頓着な人」（喜美子夫人の評）はそれでも再起を賭け、雑誌『自由』の後継誌『週刊新奄美』を興し、手ごろな印刷機を求め一九五九（昭和三四）年上京。約一か月後に風邪をこじらせ急性肺炎になり緊急入院、四月九日午後七時すぎ急逝した。

訃報は島中を駆け回った。いつも主舞台にいた泉が突然消えたのだ。人々は徐々に空漠感を実感する。その死を悼んで月末には名瀬の大島高校講堂で郡民葬が営まれた。復帰と引き換えのようなその死の痛ましさを思うたび、ある言動が蘇る。

それは前田勝章『あれから50年』に登場するが、泉が発行した雑誌の印刷代が未払いになっていて、「印刷所から電話で印刷代金を請求された時、泉先生が『いま金はない。ヘイミン（平民）』と（相手を）怒鳴ったことがあった」というのだ。

ヘイミン。泉のやるせない胸のうちが滲む、なんと哀しく陳腐な言葉だろう。英雄の最後は大方が悲劇的である。

5億B円奪った米軍

「金の切れ目は縁の切れ目」と俗諺は言うが、縁の切れ目もまた金の切れ目だ。返還を「クリスマス・プレゼント」などと大見得切りながら、米軍は奄美に対しては最後までケチり、グチり続けた。

ダレス声明によって秒読みとみられた返還日は、日にちが確定せぬまま、次々と延期された。その最大の要因が通貨交換を巡る日米の食い違いだった。日本側は日銀券約九億円を用意し、1B円＝三円の換算率を認め、切替えB円相当額のドル償還を要求した。これに対し米側は「切り替えた日本円はそのまま国内に留保されるのだから、見返りにドルを求めるのは筋違いである。日本側の要求通りだと、大戦で日本軍が南方諸地域で発行した軍票の処理に遡求しなければならない」と戦時中の古傷さえ持ち出した。

結局、あがなえない日本側が折れて要求を撤回、十二月二五日返還が確定した。

軍票として沖縄・奄美で使用されたB円

米軍から奄美和光園に届けられた救済物資（1951〈昭和26〉年＝奄美福音宣教100周年記念誌）。しかし、その善意もいつのまにか島民の借金になっていた（左端にはハンセン氏病救済に奔走した若き日の松原若安氏の姿も）

さらにガリオア債務がのしかかった。

「奄美返還に関する日米協定で、軍政府時代に奄美で配給されたガリオア物資の代金は、奄美郡民の借金として、十二月二五日を境とし、日本政府の債務という形で継がれ、日米両政府間で確認作業を急ぐことになった。この借金はガリオア物資代当座勘定の残高と琉球復興金融基金の貸出金であり、額面総額は約五億九千万円に上る厖大なものであった。債務者は、ガリオア関係では大島食糧会社を始め大島農協連、漁連、大島紬工業組合など、それに復金関係の中小零細企業、個人合わせて2、200件を超えた」（高安重正『沖縄奄美返還運動史』）

しかしだ。債務者の多くがガリオア物資そのものを無償給付と受け止めてきた。元来、ガリオアであれ、エロア資金であれ、戦災地の復興や難民救済を目的にしたもので、無償が建前の制度だ。事実、米側も当初このことを大々的に宣伝した。ところが「アメリカも苦しくなるとドル防衛策を取り、占領地を引き揚げる場合でも、釜の底の灰まで持ち帰るという、しみったれた挙に出た。奄美の場合は特に厳しかった」（高安重正）。

試算し直したが、高安の分析に間違いはなかった。軍政下七年間のガリオア資金は七億七千万B円、交付した復興予算・補助金二億七千万B円。差し引き残額は五億B円である。結局、米軍側は奄美から五億B円を収奪したというのが帳尻上の収支になる。

「奄美では沖縄のようなむごい土地取り上げはなかったが、高い食糧や肥料を独占的に売りつけ、その代金としておびただしい資金を吸い上げられ、その資金が沖縄同胞の土地買い上げや基地労働者の資金に流用されていった」（吉田慶喜『奄美の祖国復帰運動』）。結局、ガリオア、エロア両供与は奄美の返還とともに全額返済を突きつけられ、当初は反発した日本側との間に一九六一（昭和三六）年、十五年払いで妥協が成立。沖縄復帰の翌年の一九七三（昭和四八）年、ようやく前倒しで完済された。

このあこぎな米側の吸血鬼ぶりが、奄美の復帰後の足取りの重い枷になったのは言うまでもない。

一九六九（昭和四四）年の衆議院地方行政委で奄美選出の保岡武久がこの残債問題を取り上げ、それを援護する形で小濱新次（公明）が政府にその放棄を迫ったくだりがある。

「奄美が復帰して十五年。この復帰前に島民が借りた、日本政府が引き継いだガリオア物資代などの債権が半分ほどしか返せず、延滞金利も含めてたいへんな数字になっております。はたして政府はあの奄美の生活の実態をよく御存じであるかどうか。非常に振興が遅れている。道路行政にしろ非常に遅れている。痛々しいくらいだ。私たちも見てまいった（視察）関係上、どうしてもあの人たちの生活を豊かにしてあげなくちゃならない。そういうことからガリオア問題も返し切れない人、いろいろな問題を抱えた人がいる。そしてこのまま放っておけば雪だるま式に延滞利子が増えるばかりだ。復興基金を借りた二千百九十八人のうち48％がまだ返済できないでいる。泣いている人、苦しんでいる人がいっぱいいるわけです。したがって国の責任で、一日も早く解決をお願いしたい」

「早すぎた復帰」論も

奄美の復興は遅々として進まなかった。従って復帰式典から間を置かず、奄美の現状把握に二週間がかりで群島各地を巡った県知事・重成格の視察（一九五四〈昭和二九〉年五月）は、日の丸の旗を打ち振り、歓呼で迎えられたあの日とは一変したものになった。

再び集団移住さえ持ち上がる与論島などの窮状を駆け足で見て廻り、胸ふさいで降り立った最終地・名瀬で、重成を迎えたのは一万人の険しい視線だった。名瀬小学校で開かれた奄美大島復興期成会（大津鐵治会長）主催の郡民大会に出席するが、会場は市民が校庭を埋め、抗議のプラカードやのぼりが林立、異常な熱気に包まれていた。

「大会最初に登壇した南海日日新聞・村山家國は『復帰によって毎日の生活が楽になると期待していた住民の中には、むしろ米軍統治の方がよかったという意見もある』

復帰運動とその後も郡民集会が重ねられた名瀬小学校校庭。今も名残の石階段が健在で、往時を偲ばせる。

と窮状を訴え、復帰に伴う暫定措置一〇億円の使途の明確化、住民生活が安定するまでの間、国県税の免除を要求した」（実島隆三『あの日あの時』）

深夜に及んだ大会は「八年間の軍政から解放された奄美は、母国政府の温かい保護と復興政策で郡民生活の安定が着々と進むものと期待し、確信した。ところが復帰して五カ月が過ぎても復興事業は全然進まず、郡民の生活は復帰前の軍政時代よりも苦しくなっている。これは政府が奄美に対して何らの保護政策をとらないうえに、復興事業もかけ声だけが先行し、かえって生活保護や失対事業のようなものでさえ本土と差別扱いをしているからである」とする前文と、①復興事業、緊急失対事業の即時実施 ②紬業や中小企業へ低利融資の途をひらけ ③砂糖消費税の撤廃・小型製糖工場に国庫補助を――など十五項目の大会決議を採択、知事に手渡した。

名瀬港旧桟橋。筆者一家は1954（昭和２９）年、奄美の地に降り立った。従って「復帰後」は筆者と等身大だ。当時はまだ定期船は沖泊りしハシケが使われた。貧相な家並みと対照的に、背後の早春の緑の山々が朝日に映え鮮烈だった。

重成はそうした要求書を突きつけられ、解散後の記者会見で、「制度改正などに一定の時間がかかることも十分理解してほしい」と述べるのがやっとだった。

奄美に関する国の予算措置は、一〇億円の復帰処理費に始まり、本格的には一九五四（昭和二九）年六月制定の奄美群島復興特別措置法に基づき、十月にようやく復興計画が決定、実行された。しかしその基本方針は「奄美における住民の生活水準を、概ね戦前（一九三四〜三六〈昭和九〜十一〉年）の本土水準にまで引き上げるために必要な産業文化の復興と、公共土木施設の整備や充実を図る」とする見栄えのないものだった。

本土の戦前の水準。およそ時代遅れなこの低位の設定は、「沖縄の復帰運動を刺激しないための政治的配慮が働いたためではないか、という見方すらある」（広島市立大学・池田慎太郎『日米琉特殊関係の政治経済史』）。

しかしこれにはまた琉球大学・大城郁寛の「国民の生活が戦前のレベルまで復興したのは一九六〇（昭和三五）年頃であるから、当時の奄美群島の生活水準から判断すると、五年間で戦前レベルに到達するという目標は決して低いものとはいえない」との分析もあるが、問題はこの滑り出しのスロースタートが、その後の振興の遅れを生んだというロジックで捉えられるべきではないか。

折しも奄美復興事業が動き出した一九五五（昭和三〇）年前後、本土は朝鮮戦争特需によって神武景気に沸く。大都市周辺は造船、鉄鋼を主とした主要産業へ、国が後押しして設備投資が好調で、中小企業も活気づき始めた。その結果、著しい労働力不足が生じ、農漁村の働き手が大都市近辺に吸い寄せられ、さらに中卒の金の卵の集団就職の列が続いた。

そうした時期、奄美ではようやく戦後復興が緒に就き、港湾や道路建設が動き出し始めた。だが一方では島々からも出稼ぎ、本土移住が相次ぎ、過疎化の波が押し寄せていた。つまり奄美経済は初速からの加速段階で、猛烈な逆風に晒されていたことになる。

こうした復興の右往左往を見ると、奄美では復帰運動で見せた主体性や団結心を発揮できなかったことになる。それについて鹿児島経済大学（当時）・小谷敏は「沖縄が二十七年間の占領期間をモラトリアム（猶予期）として独自のアイデンティティを形成したのに対し、逼迫した経済状況のため、復帰以外の選択肢を持ちえなかった奄美は、青写真を描くゆとりもなく日本に返ることを強いられた」とし、「早すぎた復帰」によって、その後の奄美が本土に飲み込まれたと見る。

大島紬か公共土木か

奄美の日本復帰は国政選挙を再登場させ、島民に政治熱を巻き起こした。その主舞台の衆院選奄美群島区は革新勢が力を失って後退。かわって保守、なかでも元官僚同士の角逐の場が多く、選挙戦はおのずと過熱した。

それは多分に戦後中央政界の再編過程の反映でもあったのだが、島民のパトリオティズム（愛郷主義）を覚醒させた。それと共に地縁血縁を接着剤にした、厄介なナショナリズム的火種も発火させ、外に団結を示した奄美の歴史に、取り戻しようのない分裂の溝を刻んだ。

とりわけ伊東隆治と保岡武久の対決は、戦後初の本土復帰に伴う補欠選挙を含めると七度に及び、伊東の急逝までの間、買収用のソーメン箱が飛び交い、当落の賭けが横行、選挙違反の逮捕者が相次ぐ、刺々しいものになった。

伊東は龍郷町秋名出身。一高から東京帝大法学部へ。在学中に高文試験に合格し外務省入り。通商局課長、中華民国大使館参事官などを歴任。戦後初の参議院選（一九四七〈昭和二二〉年）に全国区から出馬し当選。芦田内閣で外務政務次官に就くも、続く参院選、衆院選で三度落選、不遇を託っていた。そうしたなかで巡ってきたのが、奄美復帰による衆院補欠選だった。

かたや保岡は宇検村名柄出身。旧制七高、東京帝大法学部卒。警視庁入りし早稲田、巣鴨署署長などを経て大阪府刑事課長、鹿児島県内務部長。戦後の一九四七（昭和二二）年、公選の鹿児島県知事・重成格の下で副知事に登用されるが、議会で内部起用に対する反発も。六年後、その恩義ある重成と袂を分かって、知事選に自由党から出馬するも落選。やはり失意の境遇下にあり、郷土の衆院補欠選に再起を賭けた。

この戦後初の補欠選には、泉芳朗を含めて八人もの本土在住や島ごとの知名士がオールキャストで立候補。結果は全員が法定得票に達せず再選挙になったが、乱戦を制したのは、一回目投票で三位だった保岡武久だった。

しかしそのわずか十カ月後、鳩山民主党内閣の「天の声解散」による総選挙では、伊東隆治が大差で保岡を退けて雪辱を果した。以降、ともに五十代の脂の乗り切った好敵手同士が、交互に入れ替わる「シーソーゲーム時代」が続いた。

奄美大島の南北をそれぞれ地盤とする伊東、保岡ははたして選挙戦で何を訴え、どんな奄美の声を代弁しようとしていたのか。当時の選挙公約を見ると、伊東が①航路の改善、港湾の改良、道路の修理開設②農漁業への長期低利融資の急速実現③沿岸漁業の整備と沖合漁業の促進、を掲げ、かたや保岡は①道路港湾の整備②定

「大島紬」産業の衰退は織り工から泥染め職人まで幅広い技能集団の技術と生活の場も奪い去った。

期補助航路の開設により鹿児島を起点とする本島各港・離島寄港の実現 ③河川の改修、開墾干拓事業耕地の復旧、など共に土木事業を前面に打ち出していて、さして大差ないものだった。

だが鹿児島大学教授・平井一臣は公約の背後の特色を読み解いて、伊東は一見、土木重視型ながら「最も重視されているのは諸産業の振興発展であり、公共土木事業による基盤整備という発想が比較的希薄だった」と見る。一方の保岡については「政策は全て奄美復興に関するものであり具体的で、伊東と比較した場合、道路港湾整備や河川改修、教育施設整備など、インフラストラクチャー整備により力点が置かれた復興策と言えるだろう。このような保岡の政策は、鹿児島県副知事としての経験に基づくものと思われる」と分析している。

そうした伊東、保岡の政策路線の違いは当時の選挙雀が、「大島紬の伊東、土木の保岡」と囃し立てたこととも合致するが、やがて両雄の対決は一九六八（昭和四三）年三月、伊東が急逝し幕を閉じる。しかしその色分け、とりわけ大島紬業界の選挙への対応は、保岡の子息・興治と徳洲会理事長・徳田虎雄との「保徳戦争」にまで亡霊のように付き纏った。

だがよくよく考えれば本来、二つの政策は表裏一体でなければならない。すなわちインフラ整備によって経済活動を活発化させ、大島紬など地場産業を発展させていくというのが、本来の奄振（奄美群島復興特別措置法）が思い描いてきた構図であったはずだ。

ところが一体化すべき施策さえ、選挙の過熱で反発し合うものに置き換えられ、相手陣営への攻撃材料になった。仮にである。この自明なインフラと産業興しの融合という構成、手順が理解され、島民合意を形成していたなら、今日の「地場産業が滅び、土木工事が開発手段でなく目的化し、人口が減って地域活力が削がれる」本末転倒は回避し得たのではと、ふと思う時がある。だがすべては「過ぎたるは及ばざるが如し」だ。

衆議院議員選挙の奄美群島選挙区当選者

本土復帰に伴う補欠選挙	1954・2・15	※当選者なし	再選挙へ
〃　再選挙	1954・4・30	保岡 武久	①自由党
第27回衆院選	1955・2・27	伊東 隆治	①日本民主党
第28回衆院選	1958・5・22	保岡 武久	②無所属
第29回衆院選	1960・11・20	保岡 武久	③自民党
第30回衆院選	1963・11・21	伊東 隆治	②無所属
第31回衆院選	1967・1・29	伊東 隆治	③自民党
〃　補欠選挙	1968・5・12	保岡 武久	④無所属
第32回衆院選	1969・12・27	豊 永光	①無所属
第33回衆院選	1972・11・13	保岡 興治	①無所属
第34回衆院選	1976・12・9	保岡 興治	②自民党
第35回衆院選	1979・9・7	保岡 興治	③自民党
第36回衆院選	1980・5・19	保岡 興治	④自民党
第37回衆院選	1983・11・28	保岡 興治	⑤自民党
第38回衆院選	1986・6・2	保岡 興治	⑥自民党
第39回衆院選	1990・1・24	徳田 虎雄	①自由連合
	1992・12	鹿児島1区に編入	

※①～⑥の数字は当選回数を指す

生きない2兆4千億円

「私たちが復帰後、奄美の島々を巡って痛感したのは、島民の港湾整備への渇望、真剣な訴えでした。どこに行っても、なんとか一日も早く、定期船が横付けできるようにして欲しい。そういう訴えばかりでした」

政府の審議会委員として、一九五四（昭和二九）年に奄美の復興状況を視察した元官僚の回想だ。復帰で閉塞社会から解放されると、島民が真っ先に求めたのは、定期船が安全接岸できる港の整備だった。

「線香の無だななしゅてぃ　松ぬ葉ば二本立てぃてぃ　大和観音丸二度漕ぎ願わそ」。知られた奄美民謡のこの一節は、藩政期に年一度、鹿児島を往還した帆船を、年二度に増便して欲しいという市井の訴えだ。藩船の帰帆から日を経るにつれ、減るのは線香だけでない。時には非常米さえ底をつき、干ばつや大風が重なると、悲惨な飢饉に直面した。従って祖先たちは、豊かに物資を満載した帆船が、時には山嶺をも疾駆して現れるという、大和観音丸という想像上の神船を夢見たのだ。

港は離島では単に交通手段ではない。命に等しい存在だ。従って奄美復帰による特別措置では、港湾整備を主に急ピッチで工事が展開されたが、予算が細切れの上、「もともと形のない、復興というより新設というべき事業ばかりだった」（村山家國『奄美この十九年』）。そのため天候不良や地元負担力の脆弱さから「特別献立のご馳走でありながら消化する能力がなく」（村山）、事業の進捗が遅れて、本格的には一九六四（昭和三九）年以降の振興事業に期待を繋ぐしかなかった。

一例をあげれば、奄美の海の玄関口といわれる名瀬港は、一九三六（昭和十一）年に防波堤建設や埋め立て工事が行われたものの、接岸可能なのは五〇トン未満の小型船だけで、復帰後も暫くは定期船が沖泊りし、ハシケで人と荷物を積み下ろした。国営での整備が本格化、定期船がかろうじて横付け可能になったのは一九五七（昭和三二）年。沖縄復帰によって本土との中継基地機能が増大し、一九七三（昭和四八）年に新港建設工事に着手、ようやく一万トンバースが実現した。

しかしそれは代表的な名瀬港の話で、他の離島ではなお大幅に遅れ、その後の大型フェリー時代にも追いつかなかった。最果てブームで観光客が急増した与論島・供利港に大型フェリーが接岸できるようになったのは一九七九（昭和五四）年。当時、一日千人の

沖泊りのフェリーに伝馬船（右下）で人と貨物をピストン輸送したハシケ時代。荒天時、船からハシケに飛び乗るのは命がけだった（与論島・供利港、1972〈昭和４７〉年）

乗降客を夜間もハシケでピストン輸送した船長は「よく事故が起きなかったものだ」と振り返っている。

こうした奄美の復興状況を総括して、村山家國は沖縄復帰を間近に、「奄美の復興の足あとを振り返って、いま一番痛感されるのは、長期的な展望を持たず、行き当たりばったりの計画だったということだ。そのために無駄につかわれた金も少なくない」（雑誌『青い海』一九七二〈昭和47〉年春季号）と嘆いている。

しかしその後の特別措置もまた功罪相半ばする。平成入り前後の奄振（奄美群島振興開発事業）は予算拡大でインフラ整備が本土並みに近づくものの、他方で島民生活と直結しない、次第に成果の表れにくい不要不急な事業展開になり、今日の人口減少と産業衰退はなぜ阻止できなかったか、という根本の問い返しに繋がっている。

その課題多い奄振ながら、自民党から共産党までオール推進論で、見直しを求める声は乏しい。「国の補助金による公共事業は全国どこでもある。必要か必要ないかという議論は極論。むしろ活用を」（吉田慶喜『奄美の振興開発——住民からの検証』）という訳だろうが、少なくとも過剰開発がもたらす自然破壊、あるいは開発基金は郡民ニーズに応えた存在か、などは問われねばならない。こうした現状に研究者たちも疑問符をつける。

「奄振の目的は、産業基盤を整備し、郡民の自立精神を高め、群島経済の自立を促進するということである。そのために開発基金も設置された。そしていまや産業基盤を整備するという目的はほぼ達成できた。しかしそれらを活用した新たな産業の創出、自立的な経済発展、郡民の自立精神の確立はまだ実現していない」（元鹿児島大学教授・皆村武二）、「産業をおこし、人口を定着させ、活力ある島にするという目標は達成できなかった。むしろ逆に農業、大島紬業などの製造業は衰退し、公共事業に依存する建設業が拡大、恵まれた自然環境を破壊してきた」（鹿児島県立短期大学助教授＝当時・小森治夫）

奄振自体、転換を迫られている。

拡張続く名瀬港。現在も沖防工事が立神近くで展開中だ。

土建政治がもたらしたもの

累積約二兆四千億円に及ぶ奄振特別措置による公共投資が、むしろ奄美の島々を、ペンペン草が生え限界集落を派生させるに至ったのはなぜか。

復帰後から奄振の功罪に論究してきた元名瀬市議・吉田慶喜によると、戦後全国的に公共事業予算が肥大化、政治家と官僚、業界が癒着して利権争いの場になり、奄振も同様に「影の部分」が巣食い、変質したと見る。

「オイルショック後、不況で民需が減ると、業界は奄振事業を中心に年間三五〇億円（当時）の公共事業を獲得するため、太いパイプを求め首長選に血道をあげた。業者は指名登録が自分に有利な取り計らいをしてくれそうな候補を担ぎ出し、選挙をたたかう。選挙資金を献金し、雇用をテコに票を集める。その代償として当選後に事業配分を多くもらう。土建選挙は奄美だけではないが、やがて突入する保徳戦争、その前哨戦として首長選が激しくなった」（吉田慶喜『奄美の振興開発』）

奄振予算枠が増大しだすのは復興、振興をステップアップ、振興開発に移行し、その後期五カ年計画に入る一九七九（昭和五四）年ごろから。第二次オイルショックに見舞われたこの年、奄振事業は国土庁計上分の国費（以下同様、実績）で約二百三十五億円の大台に乗り、その五年後の新奄振で三百億円台、一九九二（平成四）年には四百億円を突破する。

この著しい拡大はバブル景気、円高による内需拡大策などによるが、一九七八（昭和五三）年は第一次大平内閣で衆院奄美群島区の保岡興治が公共土木の元締め、国土庁政務次官に就任した時期でもある。

南海日日新聞

予算増額確保の見通し

19年度奄美群島振興開発事業

自民党奄振委

交付金制度拡充も

奄振予算の確定は年末恒例。政治家たちは自らの手腕のように予算増額を誇示、宣伝してきた。

元裁判官の保岡は父親・武久の地盤を継いで衆議院選に打って出ると、その後、連続七選。「保岡派に非ずんば島民に非ず」と言われたほど、王国をほしいままにした。しかしその政治手法は、ひたすら公共土木予算を拡大、あるいはサトウキビ価格を派閥の田中軍団の威を頼りに獲得するもので、奄美の業界や市町村長の要望に応え、引き換えに票と選挙資金を還元させる仕組みを築いたが、恩恵は偏り、不平不満が鬱積された。

その当時の保守政治の、偏向的な常套手段について、珍しく保岡自身が自己批判した件が、ある対談に登場する。

「地元の陳情にひたすら応えるサービス型政治をやってきました。きめ細かく関係者の要請をどう実現するか、役人と協議していく。それが政治だと思って一生懸命やってきたんですね。奄美の予算もどんどん伸ばしました。（しかし）リクルート事件のように政治にお金がかかって不祥事が次々起こるのは、やっぱり政治全体が『サービス型政治』になっているからでした。役人と一体になってサービスをして選挙の票や資金の力を大きくしていくのが、政治権力の目的の中心になっていたのです」（北康利『最先端日本人伝――保岡興治が語る政治主導の原点』）

保岡らしいというべきか、坦懐な帰納的説明だが、しかしその言わんとするところは政敵、徳洲会理事長・徳田虎雄が登場、王国がたちまち軋んで、おぼつかなくなったことに対する問題意識として語られていて、しかもその最大の因を「選挙制度にある」と断じている点に掻痒感が残る。

確かに中選挙区制下の一人区は功罪あるし、奄美選挙の悪弊がすべて保岡に帰されるべきものでもないが、王国を形成しながら信頼醸成の基盤を築きえなかったのは、選挙制度よりそのサービス政治が建設業、しかも自派に偏り、そのことが島々の軋みを生んで怨嗟と対立感情を広げたことであって、この対談では保岡自身がその誤謬に未だ至っていないと思われてならない。

そしてより問われるべきは、保岡の自省に関わらず、その後も自らの地盤を継ぎ、あるいは共有する国政代表から市町村長に至るまでが、利益誘導型の政治を一層深化させ、業界の御用聞き化し、実際にも政治資金収支報告書からもそのことが窺えることだ。

保岡はまた二〇一七（平成二九）年秋の衆院選直近に病気を理由に不出馬、子息へのバトンを表明した。その対立候補の出馬封じともとれる策は、自民党政治改革本部でも問題化、党として世襲批判を避ける公募義務化を打ち出すに至った。こうした奇策は復帰以降、親子で奄美の政治に関与し影響を与え、人物的にも理知の人だっただけに残念というしかない。

また病に倒れたとはいえ、徳田虎雄も医療の恩恵を世界に及ぼすという壮大な夢を追いながら、議員バッジを着けた途端に保守化し、子息にバトンして世襲的な体質に変じた。そしてその退場の因になった選挙違反への説明すら放棄し、かつて伊東隆治が自派の大量の選挙違反で世の批判を浴びた、同じ轍を繰りかえした。

優れた、見識ある代議士を「選良」と呼ぶが復帰後、さらには保徳戦争と呼ばれたその後の政争を思うと、私たちは本当に選良を得たろうか。恵まれない時代を生きなければならなかった、奄美島民の政治への渇望はなお満たされぬままのように思える。

週刊宝石

徳田虎雄と保岡興治激突

ヤクザの親分が調停!

選挙

永田町では自民党の総裁選、参院選の名簿順位の噂がにぎやかだが、南の奄美群島では"来年にも解散"とみてか衆院選の戦いが過熱している。現職・保岡議員(当選4回)に対し、"医療界"の風雲児と呼ばれる徳洲会理事長が立候補を宣言したからだ。そこで関係者の強い要請で調停役として登場したのが山口組の佐々木道雄組長。

保徳戦争は島々に深刻な後遺症を残した（週刊誌記事）

消された加計呂麻架橋

今はトンネル化で迂回路になったが、南部大島の入り口・網野子峠には、遠く海峡を望む高台に、「夢の『加計呂麻架橋』実現を」と大書した看板があった。ところがいつの間にか撤去され、見ることがない。

その頃、地元選出県議がしきりに「加計呂麻島に橋を架ける必要があるだろうか」と言って回っていたのを聞いたことがある。私は最初、発言の真意を費用対効果だと捉えていたが、どうやら違った。それは日本政策投資銀行のレポで、地元建設業者が「奄振法（奄美群島振興開発特別措置法）はありがたいシステムだが、結局、付加価値の高い工事は島外ゼネコンにもっていかれるため、統計で発表されるほど地元への経済波及効果は生まない」と語っていること。さらに、かつてあった民間シンクタンク・奄美振興研究協会が「奄

沖縄・宮古島と属島・伊良部島を結ぶ３キロを超える長大橋（伊良部大橋）

美の未来構想」で描いた口絵に、名瀬湾をまたぐ夢のアーチを登場させた途端、地元土木業者の不興を買い、会費を打ち切られたこと。そうした経緯を重ねれば、県会議員氏が加計呂麻架橋に異を唱えたのは、どうやらこの種の特殊工事が、「奄振予算が島外業者に食われてしまう」ことを阻止する牽制だったことに思い至った。

瀬戸内町民が悲願とした加計呂麻架橋は、本当に島民生活に役立たないものなのか。身の丈に合わない、贅沢な要望なのか。九州運輸振興センターなる団体が、加計呂麻架橋の声が高まり出した頃、「奄美大島の海上交通ネットワークの確立に関する調査研究」をまとめている。どこからの要請か不明な、補助金八百万円も使ったその報告書では、

①加計呂麻架橋の建設は医療・防災などに一定の効果が期待できるが、時間的短縮など費用便益の評価が極めて低く、国の採択基準に到底及ばない。

②大島海峡は台風常襲地帯であることや水深が深く、架橋建設には支柱や橋長に膨大な建設費や維持費を要する。

③町・民営の定期船、フェリー、海上タクシーへの影響が大きい。

など否定論一色になっている。

だが、この深みのないペーパーを読んで不思議に思ったことだが、ならば沖縄県離島では、島と島を結ぶ架橋が次々実現しているのは、単に沖縄振興予算が潤沢なせいなのか。沖縄県がネット上で公開している「離島架橋について」では、伊計大橋や古宇利大橋など特色ある十四もの長大橋が、まばゆい海にアーチを描く写真が紹介されていて、な

かでも宮古島とその属島・伊良部島を結ぶ「伊良部大橋」は全長三千五四〇メートルの連続橋桁が、うねるようにサンゴ礁の海原を縫って圧巻だ。この人口五千人強の島に架橋を築いて「離島苦の解消」を迫る運動は、当時の町長を先頭に展開され、国政を動かして悲願の実現に漕ぎ着け、総額三百九十九億円を投じて二〇一五（平成二七）年に供用開始された。三キロを超すその大アーチには離島の中の離島の生活が〝陸続き〟になる安心はもちろん、新たな観光名所として注目され、インスタ映えでも若者に人気だという。

こうした架橋建設がどういう効果を生むか。

沖縄県は「本県は、全国でも唯一の島しょ県で、沖縄本島をはじめ、宮古島、石垣島等四十九の有人島が有り、離島架橋は離島における生活環境の改善及び産業等の振興を図る観点から県政の重要な課題。今後も離島架橋の整備を通し、離島の産業基盤の確立、観光資源の開発、文化の交流、教育、医療、福祉の向上を図る」として、その架橋効果について、

①モビリティー（移動のしやすさ）向上

②定住・地域の活性化

③観光資源の開発・雇用機会の創出

を挙げている。実際に伊良部島では一九七五（昭和五〇）年五千人だった観光客が現在七倍になり、雇用が拡大し、減少一方だった人口が底打ち。他の架橋地域でも同様の効

美しいシルエットを浮かび上がらせる加計呂麻島。だが政治から置き忘れられ、限界集落が増えている。

果が認められるという。

この結果は驚きという他ない。なぜ九州運輸振興センターは加計呂麻架橋で沖縄県と真逆の悲観的情報ばかり提示したのか。悪意に捉えれば、ためにする調査だった可能性すらある。

いずれにしろ奄美の本土並み、あるいは自立を目指す特別措置は、国や県によって予算的、あるいは分野別な細切れ配分で、昨今は島民の足元を照らさず、不要不急で効果の薄いものになっている。加えて地元の政治と業界の癒着が、島民が思い描く夢や希望すら遠退け、潰してきた疑いすらある。

大局観もなければ、島民と夢を共有もしない。奄美の政治のせせこましさが、長くこの島々に巣食い、その行く手の隘路にさえなってきたという現実は嘆かわしいばかりだ。

だが、ただ沖縄を羨み、政治の劣化を嘆くばかりでなく、さらに奮い立って新たな展望を拓いていかねばならない。加計呂麻架橋はもとより、喜界島架橋あるいは地下トンネル化も追い求めたい。仮に喜界島―奄美大島間に地下トンネルが開削されれば、島民の往来に加え、ガスなどライフラインにも多大な恩恵がある。さらに電線の地下埋設も重要だ。

離島苦の解消。そのために求め、訴えるものはまだ山積だ。

寄港が相次ぐ大型クルーズ船（名瀬港）。だが自然破壊を憂え、景勝地寄港には反対論も。

アジアを視野に入れた沖縄

「さて、沖縄県の復帰は疑いもなくここにやってきました。しかし県民の要望と心情に照らして復帰の内容をみますと、米軍基地をはじめ、必ずしも私どもの切なる願望が入れられたとはいえないことも事実です」

一九七二（昭和四七）年、日本復帰を迎えた新生沖縄の出発の日、那覇市民会館での記念式典で、知事・屋良朝苗はこう語り出した。

祝辞に滲む苦悶は、言うまでもなく沖縄返還が米軍基地の内包を前提にしていたことによる。また復帰日の五月十五日は沖縄にゆかりの日でもなく、外務大臣として米側と返還の詰めに当たった元首相・福田赳夫によると「そうだなあ。当初アメリカ側が七月一日、われわれは四月一日を主張していたわけね。で、足して二で割って五月一五日に決めたわけですよ」。この犬養毅暗殺の日の、不吉な日米妥協の産物の日に、歴史的

沖縄復帰の日のデモ行進（沖縄タイムス）

一歩を踏み出さざるをえなかった沖縄では、日の丸を掲げて喜ぶ人の一方で、復帰運動の中核を担った沖縄県復協（沖縄県祖国復帰協議会）など諸団体が抗議集会やデモ行進、明暗を分けた。

屋良の壇上からの訴えは続く。「私どもにとってこれからもなお厳しさが続き、新しい困難に直面するかもしれません。（しかし）私ども自体がまず自主、主体性を確立し、沖縄が歴史上、つねに利用されてきたことを排除して、平和で豊かで、希望の燃える新しい県づくりに全力をあげる決意です」。

それは「基地なき沖縄」こそ真の復帰であるという訴えに他ならないが、同時に東京・日本武道館で開かれた政府式典。「ゆたかな沖縄県づくりに全力をあげる」。首相・佐藤栄作が力説したのは沖縄の経済復興で、それは基地残存の後ろめたさからでもあったろう。方針通り、本土格差の是正に復帰特別措置と沖縄開発三法を成立させ、沖縄海洋博などのビッグイベントを連発、当初から開発を加速させた。その復帰三十年間の投資は防衛予算も加えると十兆円を超え、奄振事業とのスケール差が瞭然だが、しかしこうした方針は奄美のつまずきが参考にされ、掴み取ったものだったことは一抹の救いとも言える。

復帰を前にした一九六八（昭和四三）年、沖縄の経済界、言論界で構成する復帰問題研究会が奄美調査団を派遣したが、その座談会では次のような発言が目を引く。「奄美の場合は何もない荒廃から出発した。しかし沖縄の場合、経済、社会の基盤が出来ている」「はっきり言えば（奄美の）復帰は早過ぎた。無準備でも復帰さえすればすべて良くなるという気持ちがあったんでしょう」「復興計画の立て方も、大急ぎでやった感じがする。ですから実績効果があまり上がっていない」。

沖縄側は身近な奄振の不備を冷静に学び取り、国の財政支援をより有効なものに変えた。その一つが五カ年セットで長期ビジョンが描けなかった奄振の欠陥から、十カ年計画の長期に改めるよう沖振法（沖縄振興開発特別措置法）の修正を働きかけ、勝ち取ったことだった（もっとも「社会資本整備が格差是正に結びつかない」のを知りながら同じ轍を踏んだという琉球大学教授・大城郁寛の指摘もあるが）。

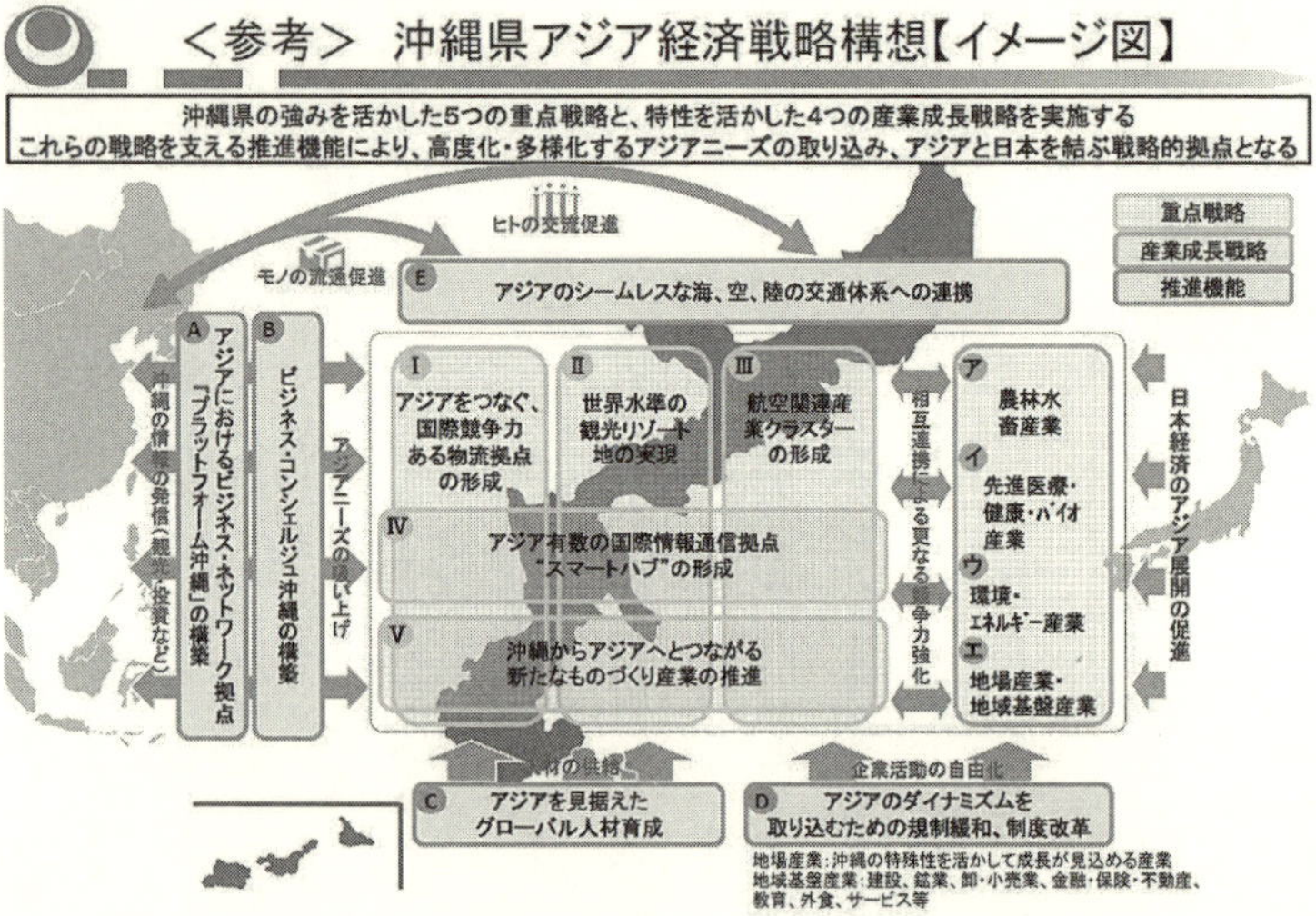

奄美から十九年遅れて本土復帰した沖縄。この時差はどう影響したか。「沖縄が二十七年間の占領期間をモラトリアム（猶予期）として独自のアイデンティティを形成した」とする学説は前述した通りだが、奄振はゆとりをもって復帰した沖縄側によって、多角的な検証材料になっていたのだ。

そして歳月は流れ、今や沖振法は奄振がまだ「振興開発」の古看板を掲げたままなのに対して、「振興」に衣替えし、社会資本整備に留まらず、アジアと日本を結ぶ戦略拠点づくりを構想するに至っている。

官頼みだけではない。むしろ復帰後の沖縄が自信と力を得たのは観光効果だろう。大手航空と連携したパック観光は当初、「じゃりパック」などと揶揄されたが、そのサンゴ礁の海や独自文化で若者を魅了。今やハワイ観光に迫る、年間（二〇一七〈平成二九〉年）九五七万人、六千七百億円を稼ぐ一大産業だ。

こうして巨人になったリゾート地・沖縄の先行例は、今度は奄美が学び取る番だ。ただ観光一つにしても、かけがえのない自然が破壊されては元も子もない。早晩登録されるだろう世界自然遺産も評価に踊るだけでなく、足元を見つめ、豊かな自然を守る仕組みを整え、成熟した観光地づくりが求められる。「学び高め合う沖縄・奄美」。何よりそういう隣人同士でありたい。

自立振興と自衛隊誘致

「日本の自衛隊はサトウキビが植えられた静かな山中で、対艦・防空ミサイルの配備に向けた準備を始めた」（米ウォール・ストリート・ジャーナル電子版）。南島の島々にミサイルを備える、政府の防衛政策はアメリカ側にもひどく陳腐に見えたのだろう。

奄美大島への自衛隊配備を防衛省が公表したのは二〇一四（平成二六）年六月。二カ月後、武田良太防衛副大臣（当時）が来島し、朝山奄美市長と面会。武田は「三五〇人程度の部隊と地対空ミサイルを配備する」と述べ、朝山は「議会で誘致を求める意見書が上がるなど民意は得られた。出来ることは協力したい」と早々、受け入れを表明。同様に武田は瀬

ゴルフ場を買収して広大な基地が全容を現しつつある（奄美市名瀬大熊）

戸内町にも「警備部隊と地対艦ミサイル部隊合わせて二百人の配備」を公表した。

一連の奄美への陸自配備は、二〇一六(平成二八)年に沿岸警備隊が配備された与那国島とその後の宮古島、石垣島計画がセットになった、防衛省のいう「自衛隊配備の空白地帯」を解消するものだ。その弓なりの島嶼配備図から、中国の外海進出を意識し、その阻止網になりうる配備であることは容易に想像がつく。

言うまでもなく太平洋戦争の端緒はハワイ奇襲に始まり、日本軍が最終陣地として第三二軍を沖縄島に集結させ、連合軍の迎撃態勢を敷いたことだ。それによって唯一の地上戦が展開され、悲惨極まりない結末を招いた。その南西諸島防衛軍のゾーニングに奄美が包含されていたことで戦後、沖縄と共に米軍軍政下に置かれ、非常な苦しみを体験したことはこの連載で述べてきた通りだ。

その戦場体験に照らせば南西諸島は、今度は太平洋へ進出したい中国軍を迎え撃ち、アメリカ本土防衛の「捨石」を担わされかねない。そして独裁色を強める安倍内閣は戦後レジューム脱却を掲げて、自衛隊明記など憲法改正に突き進む。その政治動静に符牒を合わせ、防衛省は南西諸島を「日本の防衛の最前線」(岩屋毅防衛相)として中期防でさらに基地機能の強化を目指している。

「戦争のエゴ」に振り回され、身近に沖縄戦の悲惨を体験しながら、十分な島民合意や世論形成なく、奄美市、瀬戸内町の首長が掴み取った選択は、将来に禍根を残しかねない。いわく災害救援、抑止力、六五八億円の経済効果(奄美市試算)……。ソロバン勘定は抜け目がないが、ミサイル発射時の落下物や火薬庫、基地攻撃時のリスクなどには一切触れず、「防衛は国の専管事項」と繰り返して異論反論を寄せ付けない。

協力会さえ発足しかねない奄美の情勢に対し他はどうか。石垣島では駐屯地着工が強行されかねない情勢（二〇一九年八月段階）ながら、対象地・平得大俣では「一度も民意が問われたことがない」と住民投票運動が高まっている。一方、宮古島ではすでに着工から一年、反対を押し切っての強行突破に、諦めから容認論に転じつつあるが、それでも水源地汚染を危惧して候補地集落は賛否に割れたままだ。

なぜ奄美の世論は沈黙したままか。阻止運動を展開する活動家は「過疎・高齢化で集落住民は村八分を恐れ、意見はあっても口にしない。

奄美大島西端から望む東シナ海。かつて敵艦船の接近に備え大規模部隊が展開され、弾薬庫、兵舎跡が残る（西古見の掩蓋観測所）

また戦後、貧しい家庭から自衛隊入りした子弟が多く、親族間の対立を恐れて沈黙している」という。「しかし、こうした島の進路の重大な転換時にこそ、首長は進んで住民と対話し、不安解消に努めるべきだ。ミサイルが頭上で炸裂しかねない危険性が予測できるのに、島民をどう守るかも一切触れない。政治の責任放棄だ」と怒る。

「国策には全面協力」は戦前の翼賛政治と同列だ。一人の個人、一つの声を集めた上に民主主義も国家も在る。

野球少年を描いた小説『バッテリー』で人気の、岡山在住の作家あさの・あつこは「地方は国に従え、というのは間違い」と明言する。何度か家族旅行に沖縄を訪れ気づいたことで、観光客で賑わう片方で、基地前に座り込み抵抗する人々を見た。そして大多数の沖縄県民の反対にも関わらず、国は辺野古埋め立てに土砂を投入、美しい海を潰し始めた。「沖縄のためにというのは傲慢で独りよがり。沖縄と同じ、地方に住むものとして、今とても怖い」と国権がのしかかる時代を憂える。

自衛隊と辺野古新基地は違う。そうだろうか。防衛という口実であれ、日米同盟という美名であれ、基地は基地だ。基地があるから戦争との関わりが増す。元防衛官僚で官房副長官補だった柳沢協二は、石垣市での講演で「最前線に地対艦ミサイルのようなパワーがあれば、相手を拒否する力にはなる。ただ、相手側に本当に戦争をする意思があれば、最初にここが攻撃されるだろう」と言っている。

お手軽な地域活性策として自衛隊誘致を考えるのは危険極まりない。加えて復帰後、

国境27度線

特別措置で「自立振興」を唱えながら、他力依存は全くの責任放棄だ。

沖縄本島北端・辺土岬の祖国復帰闘争碑

27度線を平和のシンボルに

「(講和)条約第三条撤廃の要求を降ろし、その枠内で復帰を実現させようとする路線が採られた奄美の復帰運動は、米軍統治下に沖縄と小笠原を残したまま、奄美のみが復帰するという、沖縄・小笠原切り捨ての側面をもつことになった」(小野百合子『奄美における沖縄返還運動』)

「(奄美は沖縄本島のように)アメリカ軍による軍用地接収やさまざまな犯罪・事故といった直接の暴力に晒されることが少なかったということは、奄美の人々が被った戦後の被害と犠牲が取るに足らなかったことを意味しない。真実は全く逆で、先島を含む沖縄のほかの離島に比べてさえ、奄美の人々にこそアメリカ軍支配からくる様々な矛盾が最も重くのしかかっていた。彼ら彼女らこそ、その構造的暴力の最大の犠牲者であった」(波平恒男『沖縄の占領と日本の復興』)

この二論こそ筆者が究めねばならないと思った復帰運動史、この連載の起点だった。泉芳朗や、教科書密航の復帰礼賛はすでに十分である。繰り返される賛歌を離れ、なぜ奄美は同胞を路頭に捨て、自らのみ命を繋ごうとしたか。一体、この奄美復帰の実質六年の闘争は、誰々の犠牲の上に成り立ったものか。筆者は出来ればこれまでにない手法で計測、解明したいと目論んだ。

「復帰」は筆者には身近すぎ、避け続けてきたテーマだった。復帰後は筆者の人生と等身大で、かえって捉えにくかった。扱うには当事者が健在だったり、書けば縁者に迷惑が及びかねない側面もあった。いずれ、と思ってきたが、気づけば筆者自身がすでに年齢的劣化域に入っていて、やむなく急がねばという思いに駆られて書いた。そして書く以上は居住まい正した正史からは汲み取れない、苦しみと絶望の結晶を抽出したいと思った。

だが正直、これほど回を重ね、右や左を論じながら、ついに辿れなかったラビリンス。それは筆者の愚昧さ故であり、読者諸賢には偏にお詫びするが、ただ学び取ったものが皆無だったわけではない。二点、筆者はこの探求の小論で筆者自身の覚醒に至った。

一つは沖縄と奄美の対立をけしかけたのはアメリカ軍であることが明確に出来た。「分断して統治せよ」。大英帝国ヴィクトリア女王が植民地経営の要諦を諭した言葉として知られるが、その箴言を戦後日本で最も多用したのはアメリカ軍だったのではないか。

名瀬市街地を見下ろす復帰記念碑（おがみ山）

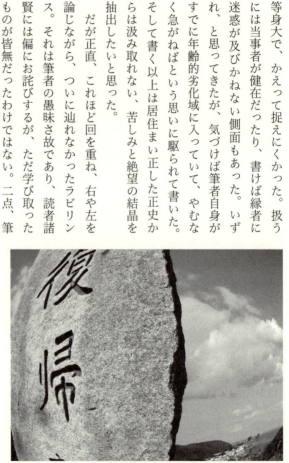

現在も巨大基地を沖縄に居据え、国民同士の対立を煽り、辺野古新基地でも沖縄県と政府との亀裂を広げている。その手法はすでに戦後統治から露わで、ライカム（琉球軍司令部）は南西諸島を日本から切り離すと同時に、島々の往来を禁じて「防共の砦」にした。さらに効率化へ軍政府をユースカー（米国民政府）に変更、中央政府、群島政府、市町村の三段階組織に改めた。それによって南西諸島は奄美、沖縄、宮古、八重山の四つに分断、孤立させられ、基地の恩恵から遠い島ほど経済が破綻、〝ガーシ世〟の再来を呈した。

南島の砂糖史に幾らか首を突っ込んできた筆者に、それは与論島と辺土岬の間に藩境を敷いてあらゆる往来を禁じた、遠い時代を思い起こさせた。薩摩藩の狙いはその独占的交易の維持にあったが、明治維新後も旧慣が温存され、沖縄人初の高等官になった謝花昇は、専制的な鹿児島藩出身の知事・奈良原繁と対立、弾圧によって発狂、狂死した。筆者はこの明治二〇年代の沖縄近代化運動が、仮にそれを十年先行して展開された奄美の砂糖自由売買運動に繋がっていたなら、悲劇は回避されたのではと口惜しく思ってきた。しかし丸田南里の思想はかの地に伝わらず、謝花と手を結ぶこともなかった。権力が最も恐れる団結には、分断統治の先手が抜け目なく打たれていたのだ。

従って戦後の復帰運動で沖縄、奄美がもっと連携しあい、分断統治を跳ね返していたら、と振り返らないわけにいかなかった。

もう一つは沖縄・奄美が、なぜ復帰への苦闘を繰り広げてきたかだ。一言でいうなら二度と戦争のない、平和憲法下への復帰を目指してきたという事実だ。従って「基地オキナワ」の苦悩が残された現状は、復帰が未達であり、さらにそれは奄美の完全復帰も不到達ということに他ならない。

徳之島への普天間基地移設案が浮上した二〇一〇（平成二二）年、基地反対の叫びが島を覆った。だが沖縄の基地負担は軽減されず、それどころか二百年耐用の辺野古新基地が動き出し、その埋め立て用の土砂が奄美の自然を切り崩して徴されようとしているのに、奄美の世論は一歩たりと沖縄県民に寄り添おうとしない。またしても沖縄を切り捨て、27度線を断絶の海にしてしまうのだろうか。

分断と併合で憎しみと対立を強いられた沖縄と奄美——。屋良朝苗は沖縄県知事を去る日（一九七六〈昭和五一〉年六月）、「基地のある限り、沖縄復帰が完了したとはいえない」と言い残した。希望の到達にはなお険しい悪路が続く。だが私たちは平和の横溢するミルク（弥勒）世へ、分断の歴史を跳ね返し「基地なき沖縄」へ手を携えねばならない。当然、私の復帰論も半端なものだ。新たな復帰論が書き継がれることを期待しつつ。

【参考・引用文献】

『日本の歴史／戦後変革』（大江志乃夫　小学館）
『激動二十年　鹿児島の戦後史』（毎日新聞社）
『祖国への道』（中村安太郎　図書出版文理閣）
『炎の航跡――奄美復帰の父・泉芳朗の半生』（水野修　潮風出版社）
『「日の丸」「君が代」沖縄のこころ』（石原昌家　小学館）
論文「戦争責任論議における加害意識の表出過程」（八代拓　東京大学大学院公共政策学）
『琉球・沖縄と海上の道』（街道の日本史56　吉川弘文館）
『沖縄「戦後」ゼロ年』（目取真俊　ＮＨＫ出版）
『マッカーサー』（増田弘　中公新書）
「平和条約問題研究会報告書」（外務省）
『ライシャワー自伝』（エドゥイン・О・ライシャワー　文藝春秋）
『提督ニミッツ』（Ｅ・Ｂ・ポッター著　南郷洋一郎訳　フジ出版社）
「日米同盟の静かなる危機」（ケント・Ｅ・カルダー　ウェッジ）
『容赦なき戦争　太平洋戦争における人種差別』（ジョン・ダワー　平凡社ライブラリー）
『米軍が恐れた不屈の男』（佐古忠彦　講談社）
論文「奄美における沖縄返還運動」（一橋大学特任講師・小野百合子）
『奄美もっと知りたい』（神谷裕司　南方新社）

『沖縄現代史への証言』（新崎盛暉編　沖縄タイムス社）

「占領下奄美大島における世論調査」（高橋正樹　雑誌「Intelligence」）

『あの日あの時』（実島隆三　南海日日新聞）

「知られざる同胞監視」（ＮＨＫクローズアップ現代）

「テニアン島に渡った南島移民の悲喜」（原井一郎　雑誌「西日本文化」）

論文「軍政下奄美における人類学調査」（桑原季雄　鹿児島大学リポジトリ）

論文「米軍統治下の琉球列島における地誌研究」（泉水英計　神奈川大学）

論文「戦後初期奄美における教育・教科書の研究」（吉田裕久　広島大学大学院教育研究科紀要）

論文「黒塗り教科書 前後」（増田史郎亮　長崎大学教育学部教育科学研究報告）

論文「占領期初期における歴史教育の志向性」（萩原真美　お茶の水大学 大学院生）

「戦後の奄美教育」（鹿児島県大島教育事務局）

論文「民主主義教育と学制改革」（佐貫浩　法政大学）

「戦後奄美の社会教育」（東京学芸大学社会教育研究室編）

『古希の歩み』（楠田豊春・私家版）

『名瀬市誌・中』（名瀬市）

『焼土の誓い——有川清達日記抄』（私家版）

『あれから50年』（前田勝章　鮮明堂）

評論「書評 外人政治学者の日教組論」（K・ルーメル）
論文「琉球諸語を巡る言語政策」（石原昌英　琉球大学）
論文「戦後沖縄における標準語指導」（長谷川精一　相愛大学研究論集）
論文「奄美方言の小学生向け映像教材の開発とその活用法についての研究」（前田達朗ほか　東京外国語大学国際日本研究センター）
『奄美復帰50年 ヤマトとナハの間で』（松本泰丈・田畑千秋編　至文堂）
『名瀬市誌・下』（名瀬市）
『琉球弧 文学における奄美の戦後』（里原昭　本処あまみ庵）
『沖縄の占領と日本の復興』（中野敏男ほか編著　青弓社）
論文「1950年初頭の沖縄における米軍基地建設のインパクト」（鳥山淳　沖縄大学地域研究所所報）
ネット「チャーリーさんのタコスの味　沖縄の奄美人」（宮武実知子）
論文「琉球弧に見る非暴力抵抗運動 ～ 奄美と沖縄の祖国復帰闘争史」（中村尚樹　専修大学社会科学研究所月報）
論文「奄美返還時における在沖奄美住民の地位問題に関するノート」（土井智義　沖縄県公文書館研究紀要）
「アメリカ軍政下の戦後復興～1950年前後の沖縄、そして奄美」（波平恒男）
『金門クラブ もうひとつの沖縄戦後史』（金城弘征　おきなわ文庫）

論文「金門クラブへの『まなざし』」（市井吉興　立命館大学国際言語文化研究所）
論文「日米琉特殊関係の政治経済史　―米統治下沖縄における『親米派』を巡って」（池田慎太郎　名古屋大学学術機関リポジトリ）
論文「1960年代後半における米国沖縄統治の危機」（古波蔵契　明治学院大学）
『激動二十年　鹿児島県の戦後史』（毎日新聞社）
「奄美の振興開発―住民からの検証」（吉田慶喜）
「復帰をめぐる重成知事と私」（永野林弘）
「奄美における沖縄返還運動　―沖縄返還運動の歴史経験が奄美にたらしたもの」（小野百合子）
『沖縄県の歴史』（山川出版社）
「周縁地域の民族主義―奄美群島の事例を中心として」（小谷敏）
「沖縄返還奄美郡民会議　結成大会議案並に資料」（同準備委）
「第61国会衆議院地方行政委員会議事録」（衆議院）
「戦後復興期における後進開発政策　―　奄美群島復興計画について」（大城郁寛）
「周縁地域の民主主義―奄美群島の事例を中心として」（小谷敏）
「復帰直後の衆院選挙にみる開発問題」（平井一臣）
「現代日本の官僚支配―　『技官』の視点から考える」（西川伸一）
「奄美群島振興開発事業と奄美経済社会の変容」（皆村武一）

「奄美群島の地方財政」（小森治夫）
「奄美の振興開発――住民からの検証」（吉田慶喜）
「党改革の歩みと今後の課題」（自民党党改革実行本部）
「伊良部大橋建設に関する費用便益分析」（東京大学公共政策大学院）
「離島の現状」（日本政策投資銀行）
『高等学校　琉球・沖縄史』（新城俊昭・編集企画東洋工房）
「沖縄振興のこれまでの取り組み」（沖縄県）
「あさのあつこさんと沖縄」（朝日新聞デジタル）
「自衛隊『空白地帯』へ配備着々」（沖縄タイムス）
『沖縄「復帰」とは何だったか』（雑誌「世界」平成24年6月号）
冊子『徳之島の闘い』（南海日日新聞）

〈国境線の政治〉をこえて

——琉球弧民衆の闘い

斉藤 日出治

＜国境線の政治＞とは？

国家は国境線に異常なまでに執着する。国家にとって、国境線はみずからが存立するための不可欠な基盤だからである。国家はその国境線の内側を内政によって統治し、国境線の外側を外交、侵略戦争、植民地主義によって統治する。空間を統治するだけではない。国境線を基準にして時間を統治する、つまり国家に固有な時間を生産する（天皇の呼びかけで国民が一斉に相和す「令和」という時間が生産された）。

だが、社会に暮らす民衆は、国境線を引いて空間と時間を統治する国家よりもはるかに広くて深い空間と時間を生きている。九州南部から台湾にまで連なる琉球弧の民衆は、近代日本よりもはるかに長い悠久の時間を通して独自の生活様式と文化の空間を築き上げてきた。＜国境線の政治＞は、この琉球弧の民衆が築き上げた時間と空間を国境線によって裁断し、国家の時間と空間へと回収する。

アジアの諸国・諸地域を侵略し植民地化することによって国境線の内外を統治してきた帝国日本は、その国境線の南端に位置する琉球弧を対外進出の拠点として位置づけ、国家の論理でこの地域をさまざまなかたちで利用してきた。

沖縄では二〇世紀に入って、ブラジル、ハワイ、ペルー、フィリピンなどへの海外移民が増加し、さらに一九三〇年代以降は中国に向けた国策移民が急増する。中国東北部にむけた「満蒙移民」に加えて、日本軍の「南進」政策と連動して中国南部への移民計画も推し進められた。中国侵略戦争にゆきづまり「南進」をはじめた日本軍は、一九三八年二月に中国本土を空爆するための飛行場建設を目的として、香港に近い三竈島《さんそうとう》を占領する。そして同年四月に魚弄村など各地の村で二〇〇〇人に及ぶ三竈島の住民を虐殺する。この虐殺によって無人化した地域に、一九四〇年五月から一九四三年十月にかけて沖縄から五〇〇人を超える移民が送られた。沖縄の移民は三竈島で人の住まない未耕地を開墾したのではなく、日本軍の住民虐殺によって無人化した旧集落に移り住み、そこで農業を営んだ（沖縄の移民は、三竈島の無人家屋や草むらや田んぼのなかに山積みの頭蓋骨を見つけている。蒲豊彦編著［2018］参照）。沖縄からの移民は、日本の中国侵略戦争と一体となって進められ、その侵略のための兵站の役割を負わされたのである。

アジア太平洋戦争の末期になると、米軍によって本土へと追い詰められた帝国日本は、沖縄戦で、沖縄民衆を「本土決戦」の時間稼ぎのための捨て石として利用した。

日本の敗戦後、奄美群島、沖縄諸島は、一九四六－一九五三年のあいだ、ＧＨＱ（連合国軍最高司令官総司令部）の司令により、日本本土から切り離され、米国の軍政統治下に置かれる。だが、一九五三年一二月二五日に奄美群島が「日本復帰する」ことによって、国境線は北緯二九度から二七度へと移動し、琉球弧は奄美群島と沖縄諸島とのあいだで分断される。それから一九年後の一九七二年に沖縄が「日本に復帰」する。だが、「本土復帰」した沖縄では、米軍基地の負担が「復帰」前よりも重くなる。

国家の恣意によって国境線が引かれ、ひとつにつながっていた琉球弧の民衆の生活空間が裁断され、民衆が築き上げてきた暮らしが破壊され簒奪される。琉球弧の近代史はこのようにしてつくられてきた。だが、国境線による地域の暮らしの裁断にもかかわらず、その裁断の間隙から国家を超える広がりと深みをもった琉球弧民衆の生命の息吹が噴出する。わたしたちは、この生命の息吹に目を向けるときが来ている。

帝国日本によるアジアの「潜入盗測」

近代国家日本は、みずからが帰属するアジアの諸国・諸地域と共生するのではなく、自国の国家的利益を最優先して、アジアの諸地域をそのために支配し統治してきた。アジアの諸地域には、多様な文化・歴史・自然環境のもとに暮らすひとびとがいる。これらの多様な文化・歴史・自然環境が、帝国日本によって領有される対象へと還元され、帝国日本の国富へと回収される。

帝国日本は一八九五年の日清戦争を機に台湾を領有し、一九〇五年の日露戦争によって関東洲（大連、旅順）をわがものとし、一九一〇年には朝鮮を植民地化する。一九三二年には「五族協和」の名の下に中国東北部に帝国日本の傀儡国家「満州国」を偽造し、一九三七年には本格的な中国侵略戦争を開始する。その後、アジア南方へと戦線を拡大させ、破局のアジア太平洋戦争へと突進していった。日本の近代史は、〈国境線の政治〉によるアジア諸地域の富の収奪の歴史であった。

この〈国境線の政治〉を推進するために帝国日本が密かに取り組んだこと、それはアジア諸地域の地図を作成することであった。「外邦図」と呼ばれるその地図は、その名の通り、日本の国境線の外にありながら日本の国家主権が及ぶ空間として、日本の国家主権の息がかかった空間として表象される地域の地図のことである。地図を製作すること、それは、近代国家が帝国主義政策によって他国・他地域を軍事的・政治的・経済的に統治するための不可欠の手段であった。コンパス、三角測量、航空写真などの測量技術を用いて制作される地図は、当該対象の空間を支配国による富の領有の視点からとらえる。「外邦図」においては、アジア諸地域の空間が日本による富の領有という意味以外のすべての要素を切り捨てた抽象空間として表象される。

帝国日本は、明治近代以降、ヨーロッパから近代的な測量技術と製図技術の習得に努め、一八八八年には陸軍省から独立した参謀本部のもとに陸地測量部を設置して、本格的な「外邦調査」にとりかかる。日清戦争時には、戦時測量班が組織され、軍隊に同行しながら測量が進められた。

このような軍用地図の製作は、あきらかに領土侵犯の侵略行為である。だから、牛越国昭［2009］はこれを「潜入盗測」と呼んだ。そのために、作図作業をおこなう測量部の作業員は、朝鮮および中国東北部で現地住民の抵抗に遭い、多くの者が命を落とした。測量作業は、行商人などに変装して、暗号などを使って進められたという（小林茂編［2009］）。

はじめは軍用地図として使われた「外邦図」は、のちに植民地統治のための地図に転用される。日本は植民地支配した台湾および朝鮮において、土地の所有権を確定し土地の登記を進めるために、土地台帳や地籍図を作成する必要に迫られたが、「外邦図」はこの作成におおいに利用された。

帝国日本は、「外邦図」という〈国境線の政治〉のまなざしでアジアの自然を見つめる。そのために、アジアの海洋、河川、森林、大地、荒野、平原のすべてが、帝国日本の政治的空間として表象される。アジア太平洋戦争の時期になると、アジアの自然は「大東亜共栄圏」に適合した空間であるかのように表象され、そのようなものとして命名される。日米開戦後の一九四三年に、日本を代表する人文地理学者の飯塚浩二は、日本列島が「アジア大陸の前衛」たるにふさわしい位置にあると語り、日本とアジア大陸に横たわる日本海、黄海、東シナ海を日本にとっての「内海的な交通路」と呼び、「大東亜海」という当時の呼称を追認する。そして、この海の自然こそ、「東亜共栄圏の南方の陣営を固めるために予め用意されてあったまたとない贈物」（飯塚浩二［1975］、一一八頁）だ、と主張する。アジアの自然は、「大東亜共栄圏」という帝国日本の〈国境線の政治〉のために日本国家に捧げられたプレゼントだ、この著名な地理学者はこう言ってのける。

「大東亜戦争」と海南島の住民虐殺

帝国日本が〈国境線の政治〉をアジア全域へと拡大し、その統治を基盤にして欧米諸列強との帝国主義戦争に突入したのが「大東亜戦争」であった。一九三七年に中国大陸への侵略戦争を本格化した帝国日本は、中国民衆の抵抗に遭い、その意図をくじかれて、戦線は泥沼状態に陥る。この状況に活路を見いだそうとして、帝国日本はアジア南方への戦線拡大を図る。一九三九年二月一〇日、日本はこの「南進」政策のための軍事的拠点とすべく、中国大陸の南端に位置する海南島を占領する。海南島は、「南進」のための中継拠点であると同時に、「大東亜戦争」遂行のための「戦略資源の供給地」でもあった。この島には、鉄鉱石、錫、水晶、タングステンなどの鉱物資源が豊富に埋蔵されていたからである。防衛研究所所蔵の『海南警備府戦時日誌』を読むと、たとえば一九四二年一月の「一般情勢」には、こう記されている。「大東亜戦争ハ不敗ノ戦略的体制ヲ完整シ南方諸域ニ於ケル友軍ノ戦果拡充ニ伴ヒ本島ハ其ノ中継基地並ニ戦略資源供給源トシテ繁忙且重要ナル使命ヲ担当スル事トナレリ」。

日本の〈国境線の政治〉にとって、海南島はなによりも侵略戦争の遂行と鉱物資源の確保という軍事戦略上の意味をもつ島であり、そのために利用すべき空間とみなされた。当時、海南島には二二〇万人のひとびとが暮らしていたが、帝国日本にとって島のひとびとの暮らしは、軍事戦略のために利用すべき「材料」であるか、さもなければ軍事戦略にとっての「障害物」でしかなかった。こうして、軍事戦略のために海南島を利用しようとする日本の陸海軍と日本政府、この島の鉱物資源、熱帯農産物、水産物、畜産物の略奪をもくろむ日本企業、さらにはその土地を利用しようとする日本人移民らが、海南島へと殺到する。帝国日本は、一九四五年の敗戦を迎えるまでの六年半にわたってこの島で自国の∧国境線の政治∨を行使し、海南島のひとびとの暮らしを破壊し続けた。

日本軍と日本企業は、海南島の農地、鉱山、森林を奪い取り、日本の軍用および商用のための鉱山開発、鉄道・港湾・道路・飛行場・兵舎・望楼などの建設を推し進めた。この軍用・商用の「経済開発」のために、島民を強制動員し、かれらをほとんど無償で酷使した。島民はこの強制労働のために、みずからの生活のための農作業を行うことができずに、生活困難と飢餓状態に陥った。日本は島民に労働を強いただけではない。朝鮮、台湾、香港、中国大陸各地から服役囚や難民をこの島に連行し、帝国日本のための労働を強いた。そのために、おびただしい数の民衆が流行病・負傷・飢餓・虐待によって命を失わされた。働けなくなると、まだ生きている人が捨て置かれ、あるいは生きたまま火の中に投げ入れられた。

さらに、日本軍は海南島の抗日軍の拠点とおぼしき各地の村を襲撃し、無抵抗で非武装の農民を無差別に殺害した。一九四五年五月二日未明、日本が本土に追い詰められ沖縄戦が激化するこの時期に、海南警備府の佐世保鎮守府第八特別陸戦隊が海南島東部の万寧市万城鎮月塘村を襲撃して、一九四名の村人を殺害した。妊婦、乳幼児、児童、高齢者を問わず、命を奪われた。日本が敗戦を迎えるわずか二週間前の七月三〇日には、海南警備府の第一五警備隊が文昌市羅豆郷秀田村を襲い、そのとき村にいた一四〇名を二軒の家に押し込めてガソリンをかけて火を放ち、生きたまま焼き殺した。そのとき、生き延びた陳明宏さん（一九二八年生）は、村にもどったときの様子をつぎのように語っている。

「たくさんの焼け焦げた遺体が重なっていた。炭のようになっている遺体もあった。ある人は水桶の中に、ある人は窓のはしをつかんで、逃げ出そうとする姿で死んでいた。」（紀州鉱山の真実を明らかにする会制作［2007］、八頁）。

日本軍は襲撃した村を焼き払い、食糧・家財・家畜・道具などを略奪し、それらを日本軍部隊のために使用する。民家を壊して、その材料（レンガ、木材、石など）を日本軍の望楼・兵舎・橋梁などの建設に使った。海南島のひとびとの暮らしと産業と自然を奪いつくそうとする帝国日本の〈国境線の政治〉に抗して、海南島の民衆は粘り強く闘った。そのために、帝国日本は海南島の全域を「制圧」することはできなかった。

海南島で日本が行ったこのような国家犯罪は、台湾、朝鮮、中国大陸、フィリピン、東南アジア、南洋諸島などアジア・太平洋地域の各地で行使され、ひとびとの暮らしと産業と文化にとりかえしのつかない傷痕を残した。

沖縄の住民虐殺

帝国日本は一九四二年六月のミッドウエー海戦で大敗北を喫して以降、戦線をつぎつぎと後退させ、本土へと追い詰められていく。そして、一九四五年四月には米軍の沖縄上陸によって沖縄戦が始まる。帝国日本の国境線の内側に組み入れられていた沖縄の民衆は、このとき、国境線の外部で帝国日本による住民虐殺・略奪・虐待に遭遇した海南島の民衆と同じ運命に遭遇する。

沖縄の民衆は、帝国日本の臣民として「祖国防衛」の対米戦争に戦力として動員させられた。住民は、一般男性が防衛隊員、男子中学生が鉄血勤皇隊、女子中学生は看護隊として編制され、日本軍と命運をともにする「官民共生共死」の道を強いられた。日本軍にとって、沖縄の住民は米軍から安全を守られるべき非武装員ではなく、米軍との地上戦に投入されるべき兵力とみなされたのである。沖縄住民は、「全県民が兵隊になること」（林博史［2010］五八頁）を求められた。大本営は、沖縄戦を「本土決戦」のための時間稼ぎの戦闘と位置づけ、「本土決戦」の準備のために、できるだけ持久戦を続けるよう命じた。

日本軍は、沖縄の住民の口から米軍に自軍の機密情報が漏れることをなによりも恐れた。日本軍にとって、沖縄の住民は戦闘からその生命を守るべき存在であるどころか、軍の機密情報を維持するために監視すべき対象であった。そのためにスパイ容疑をかけられた住民は処刑され、けがをして逃げることのできない住民は退却する際に殺害されるか、手榴弾で自爆を強要された。沖縄の住民は米軍との戦闘によってだけでなく、自国の軍隊によって殺されたのである。

それだけではない。住民が追い詰められておこなった「集団自決」は、日本軍による事実上の住民虐殺であった。「鉄の暴風」と呼ばれる米軍の猛爆撃の中、ガマに避難した住民は、生きたまま米軍の捕虜になることを許されなかった。日本軍は住民が米軍につかまれば、「男はひどい殺され方をするし、女は強姦される」、と脅して、「ちゃんと潔く自決しなさい」（謝花直美［2008］四五頁）と命じられた。

「集団自決」を軍の命令とする大江健三郎らの記述が元軍人の名誉毀損だとして訴えられた「集団自決」裁判の法廷においても、沖縄の住民はつぎのように証言している。「集団死は、軍からの明らかな命令によるものだ。鬼畜米英の前で生き残ることが恐怖の対象となって死を選んだのが実情だ。米軍による残酷な死に方をさせるより、自らの手で身内の命を絶つことがせめてもの慰みだった。その後日本軍が生き残っていたことを知り、衝撃を受けた」（二〇〇七年九月一〇日、金城重明証人による福岡高等裁判所那覇支部の法廷陳述、岩波書店編［2012］三〇八頁）。

沖縄民衆の「集団自決」と呼ばれているものは、日本軍による自国民の虐殺である。それは海南島で日本軍がおこなった住民虐殺と同じ日本国家による犯罪行為である。そして、この二つの住民虐殺は表裏一体の関係にある。アジア諸地域で日本軍が行った虐殺や性暴力や略奪行為が沖縄における自国民の強制集団死をもたらす引き金となったからだ。沖縄の住民は、日本軍がアジア諸地域でおこなった蛮行を知っていて、自分たちが捕虜になればアジア諸地域の民衆が経験したのと同じ被害を受けるという恐怖心にとらわれた。読谷村のチビチリガマで自決した従軍看護婦の知花ユキさんは、自決する前に、ガマのなかでこう言っている。「うちらも死のう。軍人は本当に残酷な殺し方をするよ。うちは中国でさんざん日本の兵隊さんがやったことを（当の兵隊から）聞いて、よく知っている」（下嶋哲朗［2012］四五頁）。

「鬼畜米英」の「鬼畜」とは、日本軍がアジア諸地域でみずからおこなった犯罪を米軍に投影した自画像だったのである。沖縄戦では、当時四〇数万人がいた沖縄で、一二－一五万人の命が失われた。その多くが非戦闘員の民間人であった。

∧国境線の政治∨を継承する戦後体制――奄美・沖縄民衆の苦悩

敗戦後の日本は、日本が敗戦を迎えるまで発動してきた∧国境線の政治∨の暴力に向き合うところから出発したのだろうか。この暴力がアジア諸地域のひとびとの暮らしを破壊し、その生命を奪い去り、富を収奪したことに向き合うところから出発したのだろうか。この暴力が自国民である沖縄民衆の暮らしを破壊し、沖縄民衆を死に至らしめたことに向き合うところから出発したのだろうか。いずれも、否である。

日本が敗戦を受け入れた経緯がそのことを語り出している。帝国日本が沖縄戦で住民を犠牲にしてまで準備していた「本土決戦」は行われることはなかった。「本土決戦」を避けて日本の支配層が敗戦を受け入れたのはなぜか。日本の支配層がなによりも恐れたこと、それは国体が崩壊すること、つまり＜国境線の政治＞が解体することであった。国体の護持、これこそ日本が「本土決戦」の前に敗戦を受諾した唯一最大の理由であった。

日本国家がこの国体の護持と引き替えに受け入れたのは、米国による日本の軍事占領であった。この米軍の軍事占領は、一九五二年のサンフランシスコ講和条約の発効によって日本が国家主権を回復して以降は、日米安全保障条約によって継承される。講和条約の発効とほぼ同時に締結された日米安全保障条約は、米国の日本における軍事的覇権を国際的に承認するものであった。こうして国体の護持と米国の軍事的覇権という日米の国家間妥協にもとづく日本の戦後体制が確立する。日本国憲法は、戦争放棄条項をもつが、この平和憲法は、この日米の国家間妥協に構造的に支えられると同時に、この日米間妥協を支えるものでもあった。このような法原理と国家間妥協によって、日本は＜国境線の政治＞を戦後に引き継いだのである。

この＜国境線の政治＞の継承が、戦後日本の歴史認識にも深く影を落としている。日本の植民地支配と侵略戦争でおこなわれたおびただしい国家犯罪は、戦後七〇年以上が経過した現在でも、なお否認され、それがまるでなかったことのようにして隠匿されている。先に述べた、海南島で日本軍の襲撃を受けた月塘村の村民委員会は、二〇〇八年に自力で犠牲者の追悼碑を建立し、そのとき、日本政府に対して、犠牲者全員の氏名と年齢を記したリストおよび要求書を送付し、村民に対する謝罪、村民を殺害した日本軍兵士の氏名の公表、犠牲者遺族への賠償、追悼行事の開催、記念館の建設、を求めた。これに対して、日本政府は「事実関係が明らかでないので、お答えできません」と回答している（海南島近現代史研究会編［2008］を参照）。「事実関係」を明らかにする責任は日本政府にある。その責任をとることなく、「事実関係」を明らかにしてこなかったみずからの無責任にあぐらをかいて、平然と無視を決め込む。この姿勢こそ、戦後日本における＜国境線の政治＞の継続をなによりも鮮明に語り出している。

他方、沖縄の「集団自決」についてはどうか。「集団自決」は、日本の国内で周知されているが、それが日本軍による住民虐殺として受け止められることは、現地の沖縄を除いてはきわめて少ない。それどころか、「集団自決」は、沖縄住民が「犠牲的精神を発揮して国に殉じた自発的な行為」であるとみなされている。沖縄住民の「集団自決」行為は、まるで軍人が敗戦の責任をとって自決したのと同じようなものとして受けとめられているのである。そのために、「集団自決」は日本軍によって強制された、とする記述が、「軍人の名誉を傷つける」として告訴の対象にさえなる。アジアの民衆に対する虐殺と、自国の民衆に対する虐殺が、ともに帝国日本による国家犯罪として認識されるのではなく、一方がなかったものとして事実そのものが隠匿され、他方が「犠牲的精神による自発的行為」として賞賛される、このような戦後日本の倒錯した集合的な歴史記憶のうちに、「国境線の政治」が深く刻印されている。

戦後に継承された〈国境線の政治〉は、その暴力を沖縄に集中的に行使している。戦後日本の国家が国体の護持と引き替えに受け入れた米国の軍事的覇権は、沖縄への米軍基地建設の集中化というかたちをとってあらわれた。日本における米国の軍事的覇権という現実から国民の目をそらすために、日本国家は米軍基地を沖縄に集中させる。日本の支配層のこの意図を端的に表明しているのが、一九四七年九月に発せられたいわゆる「天皇メッセージ」である。このとき昭和天皇裕仁は、GHQの政治顧問のウィリアム・ジョセフ・シーボルトに書簡を送り、米国が沖縄をはじめとする琉球諸島を軍事占領することを天皇は望んでいる、という意思表示をおこなった。沖縄は、国体の護持という日本の国家的利益と引き替えに米国の軍事的覇権を受け入れる国家間取引の犠牲に供されたのだ。こうして、戦後の経過とともに、米国の軍事基地は、本土から隔てられた沖縄に集約されていく。講和条約発効の時点で、沖縄の米軍基地の面積は本土の八分の一であったが、一九七二年の沖縄返還以降、この比重が逆転し、沖縄の米軍基地面積は本土のそれの四倍となっている（森宣雄［2016］参照）。

奄美群島も、沖縄と同様、戦後も引き続きこの〈国境線の政治〉によって翻弄された。敗戦直後の一九四六年二月二日「日本の領域に関するGHQ司令」によって、「北緯三〇度以南、口之島を含む鹿児島県大島群島を日本から分離し、連合軍の直接占領下に置く」措置によって、奄美群島は本土から切り離された。そのために、鹿児島との交易・交通が遮断され、奄美群島は、本土から入手していた米、味噌、醤油などの食料品を得られなくなる。また奄美の特産品（黒糖、大島紬など）の本土への販売もできなくなり、深刻な食糧危機・生活難に見舞われた（中村尚樹［2017］参照）。

一九五二年のサンフランシスコ講和条約では、その第三条で、米国が沖縄、奄美、小笠原諸島を国連信託統治制度に置きたいと提案したときに、日本政府はこれに「同意しなければならない」とし、その提案を行うまでは、米国が当該地域の施政権をすべて行使することができる、と定める。それは、この地域における米国の軍事的・政治的支配を承認しつつ、同時に日本のこれら地域への潜在的主権も保持して将来的に日本への「返還」の可能性を示唆するものであった。この意味で、講和条約は、日本国家と米国国家との国家間妥協にもとづく日本の戦後体制を国際的に承認する条項となっていることが分かる。戦後日本の＜国境線の政治＞体制は、本土よりも、むしろ北緯二九度以南の琉球弧の処遇についての条文のなかでより鮮明に語り出されていることが分かる。そして、この国家間妥協にもとづく戦後体制が、奄美・沖縄をはじめとする琉球弧の住民の自治権を剥奪し侵害することになる。

このような国家間妥協による琉球弧の統治によって、戦後の琉球弧の住民はみずからの暮らしをふりまわされることになった。講和条約が発効した翌年の一九五三年に、米国は奄美群島を日本に「返還」する。この「返還」によって、日本の国境線は、北緯二九度から二七度へと南下する。そしてこの二七度の国境線によって、琉球弧の奄美群島と沖縄諸島とが分断される。奄美の「日本復帰」の直前、沖縄で基地建設ブームが起り、このブームに乗って多くの奄美人が沖縄に渡るが、この分断によって沖縄に渡った奄美人は沖縄でさまざまな差別待遇を受けることになる。沖縄では、公職に就いていた奄美人は追放され、奄美人に対する参政権の剥奪、土地所有権の剥奪、無職者の強制送還、入居拒否、などの差別的措置が敷かれる。当時の「琉球政府」は、公務員給与で奄美人よりも沖縄本島を優遇した（本書一一八－一二一頁参照）。＜国境線の政治＞は、琉球弧の地域経済と地域生活を分断し、沖縄と奄美の敵対感情を増幅し、地域間対立を助長したのである。

＜国境線の政治＞に抗する琉球弧民衆の自決権の闘い

日本の敗戦後、奄美群島は一九四五－一九五三年のあいだ、沖縄諸島は一九四五－一九七二年のあいだ、日本の国境線の内部から外部へとその位置を移し、米軍政府の統治下に置かれた。戦前に帝国日本の国境線の内部にあって＜国境線の政治＞の任務を担わされてきた琉球弧の民衆は、敗戦後に外国軍隊の統治下で、帝国日本の拘束から解き放たれ、外からあたえられた自由ではあるが、その自由を手がかりにして、＜国境線の政治〉に代わる地域の自己決定と自治の政治を育てる機会を手に入れた。

奄美では、敗戦直後からこの地域の暮らしと密接に結びついた演劇、短歌、民謡などの文化創造運動が活性化する。一九四七年から取り組まれた熱風座、演劇座による名瀬市の演劇活動、大島中学校の卒業生による「あかつち会」と呼ばれる講演活動、奄美青年の機関誌『新青年』の発行活動、短歌や民謡の大会の開催、島民が愛する新民謡の創作活動、などがそれである。戦前における帝国日本の国民文化の拘束から解き放たれて、奄美群島の暮らしに固有な演劇、歌謡、文学などの地域文化の表現創作活動が開花する(里原昭［1994］参照)。

この文化運動と連動するかたちで、奄美群島の地域経済を再建し労働者・農民の生存権、生活権を保障するよう求める民主化の運動が、やはり敗戦直後からわき上がる。一九四七年ころから土木建築・印刷・林業・港湾などの労働組合が徐々に結成され、各地の村では、農民組合や小作人組合が組織される。さらに、教職員組合、官公庁の職員組合による賃上げ、食料の確保、配給食料の値上げ反対などの運動がもりあがる(高安重正［1975］参照)。

この時期に奄美群島で結成された諸政党は、米軍政によってあたえられた民主主義的権利を基盤にして、奄美群島の郡民の基本的人権と生活の向上を目指す政策課題を掲げた。一九五〇年に結成された奄美の社会民主党は、その綱領の冒頭で、「全勤労大衆の総力を結集し、基本的人権を確保し、もって民主主義の実現を期す」、「生活協同体理念の下に、郡民生活の安定と向上を図る」、「米軍政に協力し、……真に自由と平和を享受する文化大島の建設に邁進する」、と謳っている（高安重正［1975］二五五頁）。米軍統治下での奄美、沖縄、宮古、八重山では、それぞれ群島政府、群島会議が設置され、知事、議員が公選されて、琉球弧の自治政治が着実に育っていった。

一九五一年二月に奄美大島日本復帰協議会が結成され、「日本復帰」の運動が本格化するが、この「日本復帰」運動は、琉球弧の民衆がかつて苦しめられた帝国日本の＜国境線の政治＞に服属することを求める運動ではない。それはむしろ、琉球弧の民衆が地域の自決権と自治を育て上げていく運動に支えられていたのである。

奄美群島では、一九五三年一二月二五日に「奄美返還」の日米協定が結ばれて、奄美群島の施政権が日本国家に移る。この復帰は、二七度線以南の琉球弧の地域を国境の外部に残したままであったため、「抜け駆け復帰」とも批判された。しかし、「日本復帰」後の奄美は、一九六七年十一月に郡民会議を結成して以降、沖縄の「返還」運動に対する本格的な取り組みを開始する。この奄美と沖縄が一体となった「祖国復帰」運動は、＜国境線の政治＞への帰属を求める運動というよりも、むしろ奄美と沖縄が連携しつつ琉球弧の地域主権を渇望する共同意志の表現としてとらえるべきではないか。

他方、戦後沖縄の民衆運動はどうか。沖縄戦を経験した沖縄の民衆は、＜国境線の政治＞が自分たちを守るどころか自分たちの生命を使い捨てるものだということを肌で感じ取っていた。沖縄の民衆は、沖縄戦で国家に食糧を奪われ命を奪われ、戦後は米軍の統治下で農地を奪われ、食糧と生活必需品を米軍によって供与される、という暮らしを強いられてきた。それゆえ、戦後沖縄の民衆運動は、＜国境線の政治＞に対する怒りを運動のエネルギー源にしている。したがって、それは、国家に依存し国家に帰属することによってみずからの生存権と生活権を確保しようとする運動とは対極にあるものであった。沖縄の民衆は、国家に依拠するよりも海洋と大地の自然に根ざして生きる権利を求めて闘いに立ち上がる。森宣雄［2016］は、沖縄民衆のこの闘いを「沖縄デモクラシー」あるいは「野生のデモクラシー」と呼ぶ。それは「日米の政治に組み込まれず、野にある状態から自衛の団結で自治と生存権を要求する社会運動」（同書一六一頁）であった、と。

沖縄の民衆にとって、日本国家はみずからが帰属すべき共同体ではない。その逆に、日本国家は＜国境線の政治＞が沖縄民衆にもたらした多大な被害を償うべき交渉相手であり、沖縄の生活の自治権を保障すべき機関とみなされたのである。

日本国家と対峙するこの沖縄民衆の姿勢は、戦後の当初から政党の綱領のうちに表現されている。一九四九年二月に米軍政下で、瀬長亀次郎を党首に沖縄人民党の綱領が制定される。この綱領は、その冒頭で、「労働者、農民、漁民、俸給生活者、中小商工業者全勤労大衆の利益を代表して、……政治経済、社会、文化の各分野において民主主義を確立し、全沖縄民族の解放を期す」と謳い、日本政府に対して、「戦争被害の賠償金優先全支払い」および「沖縄再建に関する凡ゆる生産財の日本よりの無償獲得」を求めている（高安重正［1975］三二三－三二七頁）。

この沖縄の民衆運動の精神は、「日本復帰」の以前も、以後も、変わることはない。この精神は、現在の辺野古基地建設に反対する運動にも継承されている。この運動には、労働組合、市民団体、住民組織、経済界、政党を横断する島ぐるみの自治精神が結実している。＜国境線の政治＞に翻弄されその犠牲に供されてきた沖縄民衆が、国家を拒絶し琉球弧の地域の生存権・生活権を自力でうちたてようとする強固な共同意思をそこに読みとることができる。

＜国境線の政治＞を超える琉球弧民衆の胎動

＜国境線の政治＞は、国家的利益のために地域のひとびとの暮らしと自然を利用し破壊しつくしてきた。帝国日本がアジア全域に行使したこの＜国境線の政治＞の暴力は、戦後も、朝鮮戦争、ベトナム戦争において、そして沖縄の米軍基地建設において発動されてきた。米軍基地だけではない。日本政府は中国の海洋進出に対抗して自衛隊基地の「南西シフト」化を図り、自衛隊基地を琉球弧に重点配備する動きを強めている。二〇一九年三月以降、石垣島に、続いて奄美大島、宮古島に五〇〇－八〇〇人の自衛隊基地建設が進められている。

国家的利益のための琉球弧のこのような政治的利用に対して、琉球弧に暮らすひとびとの自治の政治は、大地や海洋の自然にその根を置いて、みずからを産み育てる自然を生きようとする。琉球弧のひとびとにとって、自然は開発やビジネスの対象ではなく、みずからの生存と生活の基盤である。辺野古の基地建設をめぐる日本政府と沖縄民衆との闘争は、自然を国家的利益のために利用し破壊しようとする者と、自然に生存と生活の根を下ろす者との闘いである。

沖縄では、軍事基地建設に対する反対運動だけでなく、石油備蓄基地建設に対する反対運動が長期にわたって取り組まれてきた。沖縄島の中部の東海岸の金武湾には、一九六〇年代末から米国の石油資本、さらには日本の石油資本により石油備蓄建設が進められてきた。「金武湾を守る会」を結成した漁民たちは、一九七四年に沖縄県知事を相手取って、湾の埋め立て承認を無効とする訴えを起こす。沖縄の民衆が基地建設、石油備蓄基地建設に強く反対するのは、それが沖縄民衆の生存の基盤そのものを破壊するものだからである。軍事基地建設、石油備蓄基地建設に反対する運動は、国家よりも狭い「地域エゴ」の闘いであるどころか、国家よりもはるかに広い自然とつながって生存しようとする民衆の闘いである。海洋は国境線を越えてアジア全域とつながり、地球全体とつながる。そのつながりのなかで自らの生存と生活の権利を求める沖縄民衆の闘いは、∧国境線の政治∨を超え出ていく。

そしてこの闘いに呼応する動きが噴出する。辺野古の基地建設を推進するために、日本政府は大量の土砂を、香川県小豆島、福岡県北九州市、熊本県天草市、鹿児島県南大隅町、奄美大島などの各地から沖縄に搬入しようとした。これに対して、搬出先の各地で反対運動が巻き起こる。二〇一五年には、奄美市で「辺野古土砂搬出反対全国連絡協議会」が結成される。沖縄の自然を破壊しようとする∧国境線の政治∨に抗して、自然に育てられて生きる各地域の民衆がみずからの生存権・生活権を掲げて地域間で連帯するネットワークが組織されつつある。

わたしたちは、∧国境線の政治∨に抗して、琉球弧民衆が自然に根を下ろしてみずからの生存と生活を自己決定する新しい政治の噴出を目の当たりにしている。

世界を破局に導く∧国境線の政治∨を超え出ていく道筋を琉球弧民衆の闘いが照らし出す、わたしたちはいまそのような時代を生きている。

【参考文献】

飯塚浩二［1975］『飯塚浩二著作集8　世界と日本　わが国土』平凡社

岩波書店編［2012］『記録沖縄「集団自決」裁判』岩波書店

牛越国昭［2009］『対外軍用秘密地図のための潜入盗測－外邦調査・村上手帳の研究』第一編、第二編、同時代社

大野光明［2017］「もう一つの地図を描きながら、〈地域〉を生きる─沖縄の地域開発をめぐる経験史から」『立命館言語文化研究』二八巻第三号

小野百合子［2016］「奄美における沖縄返還運動：沖縄返還運動の歴史経験が奄美にもたらしたもの」法政大学沖縄文化研究所『沖縄文化研究』四三巻

海南島近現代史研究会編［2008］『海南島近現代史研究』創刊号

蒲豊彦編著［2018］『三竈島事件─日中戦争下の虐殺と沖縄移民』現代書館

紀州鉱山の真実を明らかにする会制作［2007］『写真集　日本の海南島侵略と抗日反日闘争』

小林茂［2011］『外邦図─帝国日本のアジア地図』中公新書

小林茂編［2009］『近代日本の地図作戦とアジア太平洋地域─「外邦図」へのアプローチ』大阪大学出版会

斉藤日出治［2014］「「戦後」という日本社会の歴史認識」近畿大学日本文化研究所編『日本文化の明と暗』風媒社、所収

里原昭［1994］『琉球弧奄美の戦後精神史―アメリカ軍政下の思想・文化の軌跡』五月書房
下嶋哲朗［2012］『非業の生者たち』岩波書店
謝花直美［2008］『証言沖縄「集団自決」』岩波新書
高安重正［1975］『沖縄奄美返還運動史』沖縄奄美史調査会
中村尚樹［2017］「琉球弧に見る非暴力抵抗運動―奄美と沖縄の祖国復帰闘争史―」『専修大学社会科学研究所月報』六四六号
林博史［2010］『沖縄戦が問うもの』大月書店
村山家國［1971］『奄美復帰史』南海日日新聞社
森宣雄［2016］『沖縄戦後民衆史』岩波書店

奄美をめぐって、大和人の不作法

酒井卯作

はじめに

かつて俊寛と共に流された平家の貴族、平判官康頼入道が海に投げた千本卒都婆の中に「薩摩潟おきのこじまに我ありと、おやにはつげよ八重の潮風」の一首があった。この卒都婆が広島県の厳島神社の前の渚にうちあげられた話は、「平家物語」（卒都婆流）の項に見える。康頼入道らが流されたのは、今の鹿児島県の沖の硫黄島とされている。当時はここを鬼界が島と呼んだらしい。

歌に「おきのこじま」とあるところから、いかにも沖に見える小さな島という印象をうけるが、その頃は「衣裳なければ人にも似ず、食する物もなければ、只殺生をのみ先とする」ような不便な島であった。

奄美大島は、この流刑の島のさらに南、約四百キロの海上にあって、そこはたくさんの物語りの溜り場である。

奄美大島にたどり着くまでには、七島灘という難所がある。人間の駆け足ぐらいの速さという黒潮の流れが、このトカラ列島あたりから二つに分れて、本流は日本本土の東側に沿って、支流は九州の西側に沿って北に流れる。この七島灘は、通称「もっとも幽霊の多いところ」と呼ばれるにふさわしい、難破する船の多いところである。

奄美大島が大きな不幸を抱えはじめたのは、何といっても慶長十四（一六〇九）年に薩摩の侵略にあってからのことであろう。以前にも琉球王の大島征伐があった。しかしそれによる奄美島民の生活苦の報告は絶えて無い。

奄美大島に流された薩摩藩の流人、名越左源太翁が描いた「南島雑話」の中で

いちび山登て　いちびもちくれよ
あだん山登て　あだんもちくれよ

という幽霊の歌が、時おり聞こえてくるというところは、かつて飢饉にあって、野いちごもあだんの実も食い尽し、とうとう数十人の島民が縊死したところだと伝えている。天災と人災が、奄美大島の人たちの生活をいちだんと暗くしたのである。

それにもかかわらず、島の人たちの心は美しい。奄美諸島は、ここだけにしかない豊富な貝の産地がある。平安朝の貴族たちはこの美しい貝を遊びに使ったし、奄美を北限とするゴホゥウラの貝は、神人たちの腕輪として使用され、それは日本各地の弥生遺跡から出土している。

また、島に残る歌の数々、必要ならば即興に作りだされる歌まで数えれば、奄美以南の住民たちは無限というくらいの歌を所有している。彼らは生れながらの歌人でもある。そして、今でもお化けを大事にしていることも、大和の人間たちは足許にも及ばない。

外にある苛酷な政治、内にこめた潤沢な魂。その二つの色を携えて生きる奄美人の歴史の一端をここで考えてみたいと思う。

密航

今年、二〇一九年の八月、筆者の近くの東京練馬区のスーパーマーケットでは、恒例の七夕飾りが行われた。近くに住む子供たちのために、店が毎年竹の笹を用意して、子供たちの願いごとを短冊に書かせて下げておくもので、これを拾い読むと面白い。ケーキ屋さんになりたい。希望校に入れますように。赤組に勝ちたい。などなど、無邪気な願いごとの下がっている中に、今年は次のような言葉のあるのが目に入った。「お父さんがもどってきますように」。

文字の形からすれば、たぶん小学二・三年生ぐらいと思われる子の文字である。読まなきゃよかった。と瞬間考えたが、もう遅い。

人生の暗さを知らない無邪気な子供たちの世界で、ひそかに闇を抱えて生きる子供もいる。祈るということは、この不幸な子のためにこそあるのだろう。短冊については、もう一つ思い出がある。

昭和二七（一九五二）年、私はトカラ列島の南端、宝島まで行ったとき、やはり七夕の短冊に出会った。

トカラ列島はその前年の昭和二六（一九五一）年十二月に米軍支配から日本に復帰したので、今は渡航は自由である。だからそのときはトカラ列島の南端の宝島が、日本の南端ということになる。そこから一重の水を越えて奄美大島に渡るには、身分証明書（パスポート）が要る。無断で渡れば密航だ。罪に問われる。

トカラ列島

八月三十一日だった。旧暦でいえば盆が始まるので、子供たちは七夕の用意をしていた。用意といっても、竹はあるけれども短冊にする紙が手に入らないので、雑誌を破って鋏で短冊の形に切り、それにクレィヨンで色をつけるのである。そしてそのうえに願いごとを書きいれる。

復帰する前までは、海を渡って奄美大島の名瀬まで行けば学用品は買えた。今は村のポンポン船で三日もかかって鹿児島の町まで出かけての買物である。学用品ばかりでなく、生活用品すべてがそうである。不便さはこのうえもない時代になった。復帰して悦んでばかりはおられない。

雑誌を破って作ったその短冊に、子供が書いた願いごとに、「本土に行きたい」というのがあったが、正直な話、これが子供たちの本音であったろう。

この宝島の民家の一軒に交番があった。交番といっても、民家だから障子を開ければ座敷はまる見えである。その座敷で二人の巡査がのんびり碁か将棋を打っていた。そのときは、こんな小さな平和な島で二人もの巡査が必要なのかなあと考えたりした。

宝島には宿はない。第一、旅行者など来るわけもないから、私のような者は区長さん家が宿となる。そこで私もまた区長の平田さんのお宅に世話になった。

平田さんは私にいった。「そんなに古いことを知りたければ、島の名物、トカラ観音様に案内しましょう」。

トカラ観音はこの島の南西の、やや高い海辺にあった。「トカラ観音縁結び」という歌があるように、戦前は年に一度の祭の日には、近くの島々の若い人たちが集まって祭をして、そして結ばれることが多かったそうである。

そんな話をしながら、この平田区長さんは浜辺を指さして、「見て下さい。焚火のあとが見えるでしょう。あれは奄美あたりの人たちが本土に密航するのに、一息いれて休んだ跡なんですよ」。

短冊どころの騒ぎではない。ここは国境なのだ。自分の人生を賭けて北に向う人。逆に南の自分の島に帰る人など、宝島はその接点になる。そういわれて、巡査が二人も駐在している理由がわかった。獲物を待っているのだ。

七日ばかり宝島で遊んで、また村営のポンポン船で鹿児島に戻ると、その獲物がつかまった。獲物は私である。

船が鹿児島の港の隅に横着けになると、二人の刑事が来て、警察手帳をみせながら、私に「どこから来たか」と聞く。「宝島からです」と答えると「君は宝島の人か」と聞くので、「いいえ、東京からです」と答える。臭い。いろいろと詰問されても、東京からだという証拠になるものは何もなかった。今なら車の免許証もある。病院の診察券もある。不用意だった。何もない。

そこで刑事は「お話を聞きたいから」といって、警察署まで連行ということになる。

警察署の取調室というのは、長机で容疑者の前後を挟み、その間に椅子を置いてある。これはカモが逃げださないための工夫である。そこで刑事の訊問がはじまる。

警察というところは、真実を語っても、これを信用しないところであり、宗教は嘘を真実として語るところだ。どっちに転んでも素晴らしいことではない。太陽が沈む頃になって、証拠不十分だということで釈放された。

自分の考えが甘かった。緊張する国境の島を旅するのに、あまりにも不用意だった。帰京して、トカラ列島の話を柳田国男に報告したが、(当時私は柳田が主催する財団法人民俗学研究所の所員だった)柳田は私の報告を聞いて、「あそこまで行ったら、奄美大島まで行ったらいいのに」というから、私は「いいえ大変です。奄美に行くのには旅券がいるんです」と答えた。しかし柳田には刑事につかまった話はしなかった。

とにかく自分を含めて、本土の人間の大方の人は、こうした国境の厳しさを理解していないということをしみじみと味わった。

考えてみると、密航の歴史は古い。島抜け、脱島など呼び名は変るけれども、やまれぬ事

センゴ通船(宝島 1980 年 2 月 15 日)

成城の柳田邸に設けられた民俗学研究所のベランダにて、その所員らと。
前列左より、比嘉春潮、柳田国男。後列左より、酒井卯作（著者）、徳川宗賢、一人置いて、西垣春次、萩原龍夫、桜井徳太郎、直江広次
（1955 年 8 月 6 日、撮影者不明）＝資料提供：成城大学民俗学研究所

情があって、不法に島を去来する人は多かったのである。それが島の歴史でもある。

憂鬱の奄美史

文化十三（一八一六）年六月十日の夕刻、徳之島母間の海辺から三艘の板付舟が、ひそかに鹿児島に向けて出航していった。それは「筋違いの儀で強訴に及」（前録帳）ぶため、母間の地役人と農民十五人が乗り組んだ小舟である。

前日、母間の農民たち、約六百人余が島の代官所を襲い、農民の代表者が入っていた牢屋を破って救い出した。その足でご本国、つまり鹿児島まで舟で出かけて直訴しようとする人たちだった。もちろん旅手形はない。脱島である。

お国元に直訴をすればどうなるかはわかっている。前例がある。天明元（一七八一）年に奄美大島が台風に襲われて、宇検方では民家二百戸余が倒れ、食物もままならずに窮乏して、年貢も不足する破目になった。そこで地役人、国淳とその子の国喜の二人が薩摩の国許に直訴に及んだ。

ところが国元の薩摩藩では、父の国淳は切腹、国喜は入牢になった。それだけでは薩摩は気がすまなかったとみえて、その翌年、切腹した国淳の死体は掘り起こされて、改めて磔刑。入牢中の国喜は処刑、さらに国喜の妻も下女として売られたという事例があった。この事件から三十四年過ぎている。そして今、同じような直訴が行われようとしているのである。

島に残れば飢餓、代官所に掴まれば処刑。底の浅い板付舟で難所の七島灘を越せるかどうか。手形を持たぬ十五人の人たちの悲壮感が見える。

琉球列島、とくに奄美大島の苦難は島津の侵入した慶長十四（一六〇九）年から始まる。その頃までの琉球はまだ平和だった。第一、年貢に苦労しなかったからである。琉球の歴史を述べた「球陽」には「天孫氏の世、賦役あることなし」とあり、永禄四（一五六一）年の中国の冊封使、郭汝霖の「使琉球録」によれば「上下互に税をとりたてることはない。事があると定時に人民にわり当てる」とある。すべてが悠長だった。

薩摩が天保改革に着手する直前の頃までは、年貢の苦労はほとんどなかったようだ。ちなみに「喜界島代官記」には「諸百姓は焼酒をつくり相納め可」（元和九〈一六二三〉年八月二十五日）とある。

焼酒は焼酎のことであろう。もちろん年貢として納めたかもしれないが、たぶん島役人も農民も共に焼酎を飲んだに違いない。さらにその頃の年貢は、から苧むしろ、芭蕉、綿、小麦などであったことがこの代官記にみえる。まだ砂糖という名称は登場しない。さらに次のような文章も代官記にある。「嶋中においてひそかに人を成敗いたす儀、かたく停止なすべし」。これで飢餓で死ぬことはあっても、島では役人から処刑される心配はない。農民は安心して焼酎が飲めるわけだ。

薩摩藩は貧乏だった。江戸では「イモ侍」とかげぐちをいわれるくらい、低く見られていた。しかし慶長の役で琉球をわがものにするに及んで、まず検地（竿入れともいう）が行われ、年貢の額が定められると、島津の経済基盤が整う反面、農民の生活の困窮さは加速する。

さらにかねがね目をつけていた海外貿易を琉球から島津の手に移すことで、その利益を手中に収めることもできた。当時薩摩藩が背負いこんでいた五十万両という大きな借財を返還できる基盤ができあがったのである。

ただ外国貿易を手中に収めたことは、やがてわが身を削る結果にもなる。当時、海外貿易が禁止されていた時代、長崎だけに許されていたこの事業の権利がひそかに島津に奪われたのである。これが長崎奉行の知るところになり、島津は幕府から手痛い責めをうけるけれども、それはずっと後になってからの話である。

島津は琉球を征伐すると、奄美諸島を直轄地として、早速検地を行い、米の年貢の量を決定する。これまですべてが大まかであった年貢の量は、検地帳の出来上りによって確定する。もう焼酎など飲んでおれないのである。

検地帳さえできれば、藩にとってはもうこっちのものだ。あとはその規模に応じて年貢が上納されるのを待てば良い。

ただ残念なのは、琉球列島は珊瑚礁で成り立っている島なので、土地生産力が低い。稲を作るには水が必要だ。珊瑚礁の地盤では水持ちが悪い。土地も瘠せている。稲作には十分に豊かな地盤が必要だが、それに欠けている。だから本土の感覚で琉球の稲の石高を決めると、どうしても琉球の生産量は低くなる。仮に一石の米を作るのに、本土で一〇の手間が必要なら、琉球では二〇の手間を必要とする。もちろん薩摩藩にそんなことを考える余裕はなかった。本土の高い生産量を考慮した感覚でいけば、生産力の低い地方の農民は苦労をする。

薩摩にしてみれば、幸運なことがあった。それは沖縄ではすでに栽培されていた砂糖黍作が、奄美にもたらされたことだ。時代は元禄三（一六九〇）年というから、琉球征伐から約八十年ばかりすぎてからである。黍から砂糖を作る方法を修得すると、この砂糖が、年貢の米に代わるようになってくる。お金に換算すれば、米よりも砂糖の方がはるかに有利だったからである。

当時の米と砂糖の換算率は、島では砂糖一斤に対して米三合といわれていた。藩政時代は砂糖は総買いあげが原則で、決められた量の砂糖を上納して、さらに余分があれば、それも上納して、その分は「羽書」（ハガキ）という手形の紙をもらった。その羽書によって日用品を購入する。ところがそこにはうまいからくりがあった。

砂糖一斤が米三合とした場合、この砂糖を大阪に売りに出すと、砂糖一斤が米一升の値段で取引きされた。約三倍の高値である。商品としての経済的な利益は米を年貢としてとるよりも、砂糖を年貢としてとった方がはるかに効果的である。

この上納した残りの砂糖を、島の農民に羽書として渡しておけば、島民はその羽書で

商品を買うことになるが、そのときの商品の値段ははるかに高価なものであった。(『瀬戸内町誌歴史編』二六一頁)によれば

吸煙管　一本　砂糖上一八斤　中一五斤
風呂敷　一枚　〃　大二八斤　中一八斤
酒一沸(一升)　同　二五斤
傘　一本　一八斤

などとある。右の商品が、島の農民には高いか安いかは考え方に相違があるが、生産者が自分の生産した農産物で買うのには高すぎると思う。はっきりしているのは松下志朗著『近世奄美の支配と社会』に報告された「黒砂糖斤数換算の物価対照表」がある。ちなみに米だけをとりあげてみると、天保二(一八三一)年の米の大阪相場は、米一石が砂糖七十九斤なのに、これが天保六(一八三五)年の、地元の徳之島での相場は、米一石が砂糖三百三十三斤となっている。四年間の時代のズレがあるが、大阪に対して、地元での品物の価格は、大阪の五倍近い高い代価を払って購入しなければならない。

結局薩摩藩は商売が上手になった。商売だから当然だとしても、黒砂糖の導入で、売っては儲け、余分の品を高く売ってはさらに儲けた。藩の財政は、五十万両の借財を踏み倒す必要はなく、滞りなく返済したうえで、財政は豊かになり、天保十一(一八四〇)年には二百五十万両の備蓄に成功したのである。黒糖の果した役割は大きい。

では藩政を豊かに導いた農民たちの生活も、これに応じて恵まれるようになったのだ

ろうか。それが問題である。

黒砂糖斤数換算の物価対照表

品目		大坂相場	道之島の諸品代糖	
		天保2年	文政13年	天保6年
米	1石	79 (斤)	507 (斤)	333 (斤)
大豆	1石	62.7		333
塩	4斗	4.2	120	
酒	1石	114.4	2,500	2,800
種油	1石	243.2	2,000	2,800
蠟燭	1斤	2	20	20
白木綿	1反	5.2	45	40
煎茶	10貫目	37～39		1,563
鰹節	10貫目	13.6	1,250	1,000
五寸釘	1,000本	15.0	三寸釘80	

備考：大坂相場は諸品代銀（12カ月分平均）を黒糖1斤代銀1匁3厘1毛で換算した

史料：『近世大坂の物価と利子』、『鹿児島県史』第2巻

奄美の政治の仕組みは、他の琉球の村々と大きな違いはない。国元（鹿児島）から代官はじめ四、五人の役人が赴任してきて、あとは土地に育った地役人が、それを補佐する。つまり代官の下で、地役人はせっせと農民の監督をする。いわゆる二段構えの仕組みである。農民の声はその地役人を通してのみ上部に届くことになるので、地役人の立場は大変である。ちなみに奄美瀬戸内町の「津島家文書」の明治四（一八七一）年の記録には、その地役人についてこう書いている。

「役人たちは百姓の役目について諸下知をなし、昼夜骨身を惜しまず砂糖増産に励み、正しい道を以て御奉行申し上げるようにせよ」（「瀬戸内町誌歴史編」二六八頁）。

というあたりに島の地役人の心構えがみえる。農民の側に立てば対代官と、代官の側に立てば対農民というふうに、二重の監視によって自分たちの仕事が拘束されているのである。ここに山下文武氏の手になった「嘉永六年の奄美」と題する記録がある。幕末の頃の住用村の代官の記録であるが、それには農民に対する記述がいくつかある。一例をあげてみる。

「おかげて百姓は第一に余裕がでて来たので、その趣旨をよく考えて、家内中へも申しきかせ、夜昼油断なく黍作や諸耕作に精を出すようにせよ。もしも百姓は安楽に暮らせるものだと心得違いをして、役人達の命令を聞かない者がいてはけしからぬことであるので、役々を重んじて命令を受け、違反のないようきびしく申し渡すものである」（訳文一五一頁）。

農民はもともと働く者で、楽をしてはならない。ひたすら役人の命令を大切にして仕事に精を出さなければいけない。これは当時の状況としては当然だったのだろう。その役人の農民を見る目はどんなものであったか。こんどは「大島代官記」をみよう。これは天保元（一八三〇）年頃の記録である。

「此節ヨリ抜砂糖取締厳重被仰渡、若取企候本人共ハ死罪可被爲、行御規定ニテ被仰度」とあるのは、藩の財政の基盤となる砂糖の横流しなどは死罪、それを知って同意した者は遠島という罰が用意されてあった。「砂糖地獄」という言葉が生れても仕方のない社会だった。農民たちにとっては、自分たちが精出して作った砂糖を少し口にしただけで投獄されるような不自由な社会が出来あがっていたのである。

砂糖の取締りの厳しさは昔の話ではない。これは尾を引いて、この大戦の昭和の初期頃までまだ続いていた。おそらく「砂糖地獄」の余波であろう。

奄美大島瀬戸内町油井では重田国光という人がこんな話をしている。この戦争以前までは黍の作付の面積は男女によって割り当てられていて、黍見廻りの役人が青葉見積りをして、その見積りに満たされない収穫の人は罰せられた。しかし上納糖を上廻る収穫ができた人は自宅用糖にすることができたという。

さらに、昭和十四（一九三九）年頃、油井小学校に務めていた職員宅に税務署員が立ち寄ったところ、よく砂糖販売のことを知らなかった家族は、茶請けに砂糖を出した。税務署員は「この砂糖はどこで手に入れたのか」と尋ねたので、家の者がその人の名を言うと、とうとうその人は捕まった。自分で砂糖を作って自分で食べるのに税金を払って食べなければならない法律があったのだ。これは奄美が日本復帰後廃止されたという。砂糖を家の中に隠していないかどうか、「家（やあ）さがし」ということがあったのもその頃である。（「南島研究」五六号）

砂糖は昭和の時代になっても、いぜんとしてお役所の取締りの対象となっていたようだ。信じられない話であるが、砂糖行政の厳しさの一つの流れであろう。

農作物というのは、機械で商品を作るように簡単に出来るものではない。第一天候が左右する。琉球列島のように、年に何回もの台風があったり、畑には野鼠も多い。土地は痩せている。水は台風と共に来る雨を待つしかないなど、人力では及ばない自然の力を必要とする地方では、あらかじめ役人が収穫高を決めていても、それに達することは少ない。ただ働けば良い結果が得られるとばかりは限らない。

そこでまた文武氏の「嘉永六年の奄美」を見よう。そこには農民が貧しいのは、ひたすら自分たちが怠けているからだ、という結論を役人たちは考えていた。それは次の一文でよくわかる。

キビ刈り（宝島 1980 年 2 月 20 日）

「年貢を納める時期がきて、牛馬や農具類を売り払い、はては妻子と別れ別れになるのは、自身の農作業に精を出しての働きが足りないからである」（一〇二頁）。

働いても働いても、年貢を完納できるわけではない。相手は天候に左右される農作物である。どんなに手をつくしても、結果を見なければわからない。年貢を納めるときになって、どうしても年貢が未納とわかれば、牛馬や農具、それで足りなければ、子や妻を売る。それでもなお足りなければ、最後は自分を売って年貢の足しにする。

時代はずっと新しく、明治二（一八六九）年の「喜界島代官記」には生れた子の間引きに関する條文がある。

「生まれる子の愛育は当然のところ、全体が困窮にて朝夕の営みに相とどこおりする者があると聞く。それは人情に背くことはもちろん、御仁政を妨げることにもなるから、堅く禁制し取締りを行う」（原漢文）。

年貢の量は家族の員数で違う。必要以上の子を産めば、親は自分の首を自分で締めることになる。間引きが親にとって悲しいことは、役所がいわなくてもよくわかっている。わかっていてもそうしなければならないように農民を切羽詰ったところまで追いつめたのは、その役所ではなかったのか。

売られた自分の子も、二世を契った妻も、往々に転売されることもある。そうされるたびに身売り代金はかさんでいく。農民は一度足を踏み外すと、もう元には戻れない仕組みになっているのである。「嘉永六年の奄美」によれば「抱えている下人・下女は主人の意志次第で他の主人に売り渡すことが出来る」。そのときは役所に届けるようになっているが、届けて元に戻れるわけではない。こうして村はしだいに禿村(廃村)となっていくのである。

喜界島では天保七(一八三六)年の代官記によれば、十二方(村)が廃村になった。「死禿並に身売人浮高相成」というから年貢の不足が生じたのである。そのため不足の分を他村から借り入れをしたが、それでも足りない。そこでお国元に上鹿して十カ年の猶予をお願いしたという記事がある。

年貢の猶予は免除とは違う。来年からは借りた物に利息をつけて返さなければならない。そうすれば毎年納める年貢はさらにかさむ。村はこうして貧しさからぬけ出すことができないのである。

右は喜界島の場合であるが、天保年間は事件が多い。徳之島ではやはり天保七年も飢饉だった。「瀬戸内町誌」(歴史編三二一頁)には奄美各島の災害表を作っている。それをみると、徳之島も同じだった。

天保三(一八三二)年。六月初旬から八月末まで干ばつのため、作物は成長せず、九月十日夜から十一日昼頃まで近年まれなる大風波にみまわれた。島中の黍ほか諸作物が被害をうけ、死者、怪我人、死牛馬等多数出た。(中略)久高人を雇って飛船で鹿児島へ届けを出した。

これは喜界島の災害より四年前の話であるが、この災害表をみると、奄美諸島がほとんど毎年災害で苦しめられている。生産があがらないというのは、けっして農民の怠惰によるものではなかった。天敵は自然の脅威ばかりではなく、政治家の非情な搾取であった。

抵抗の輪

さきに、徳之島からお国元の鹿児島に向けて、強訴のために三艘の板付船で密航する話をした。少し寄り道をしたのは、奄美諸島の当時の歴史があらましおわかりいただければ、この強訴の意味がわかりやすいと考えたからである。

徳之島母間の一件については、さいわい徳之島の院家に伝わる「前録帳」がある。さらに徳之島在住の作家、前田長英氏がこの前録帳を元にして「母間騒動」と題して記録をあらわしている。これを参考にしてこの話の結びを紹介しよう。

文化十二（一八一五）年の頃まで、徳之島では疱瘡が流行して千八百人余が死亡した。徳之島の人口の五分の一の人がそのために命を失ったといい、徳之島全島が疲弊のどん底だった。母間騒動はその翌年の文化十三（一八一六）年五月に起きた。

母間の掟役を勤める地役人、喜久山の許に代官所から「上納覚え」の一冊が届けられた。喜久山は割り当てられたその上納量を見て愕然とする。あまりにも高すぎたからである。そこで喜久山は代官所の田地横目役を訪ねて年貢の減少を頼むのだが、もちろん聞きいれられるはずはない。却って喜久山は不届の罪で牢込めとなる。

喜久山が代官所に嘆願に向ってから七日も経つのに帰ってこないので、面縄の主だった人たちが代官所を訪ねて確めてみて、はじめて喜久山が牢込めにされていることを知った。

面縄の農民たちは怒った。年貢は公正に。喜久山を牢から解放せよ。代官所を襲え。国元へ強訴しよう。面縄村の約六百人、中には女たちもいた。竹槍、山刀、棍棒などをもって代官所を襲撃したのは文化十三（一八一六）年六月九日戌ノ上刻（午後七時頃）の頃だったという。前録帳にはこう書いている。

「六月九日鉄砲・竹槍類所持イタシ、牢屋本ニ差シ越シ、格護所ヲ打チ破リ、喜久山ヲ連レ出シ在郷ニ帰リ、徒党張本人喜久山併ビニ喜佐知・喜久澄外十二人、板附船取リ仕立テ、同十日夜、母間村下ヨリ出帆、直乗ニテ越訴ノタメ鹿児島ニ罷リ登リ候」

とある。とにかく三艘の板付舟は、なんとか鹿児島にたどり着くが、当然のことながら喜久山はじめ十五人は投獄されて吟味をうける。年貢への不満、代官所襲撃、牢破り、手形なしの上国、強訴、そのどのひとつをとっても、薩摩藩にとっては許しがたい罪人であった。

入牢三年、その間、仲間のひとり富奥は牢死する。そして文政二（一八一九）年に判決がおりた。主謀者喜久山など八人は七島に遠島。他の六人は「御構イコレ無ク」無罪釈放。

前録帳の記録はこれで終っている。年貢はどうなったのか、代官はどうなったのか、それはわからない。とにかく事件の重大性からみてこの判決は予想に反した寛大な処分だったと考えられる。

なぜに寛大な処分に終ったのか。私の考えをいえば、もし死罪にすれば、徳之島全島の島民たちの騒動はいちだんと激化する恐れがある。ここで主謀者たちに死を一等減刑することで、島民の気持ちを鎮めようとする意図だったろうと考えたりする。その証拠に、母間では再び事件は起らなかったからである。

母間事件は、あれは騒動ではなく、抵抗だった。騒動は罰せられるが、抵抗は無罪だ。鹿児島県内でも、奄美大島といえば、今でも低くみられる。そう思われる根底には、奄美は離島にすぎないという地理的な遠さからくる感覚と、かつては自分たちが支配した島だという、優越感からくる差別の故であろう。

母間事件をみよう。その離島の中の、さらに小さな事件だった。しかしそこに住む人たちは、小さな毎日を一生懸命に生きる善良な人たちで、その人たちが立ちあがった抵抗の運動が母間事件だったと私は思う。薩摩の人たちと奄美の人たちの間に差があるわけはない。母間の事件はそれを教えてくれた。

夜明けの奄美

奄美の歴史をたどっていけば、そこに明るい笑顔を見出すことは難しい。柳田国男は大正十年の旅を描いた「海南小記」(三太郎坂)の項の中で「わずか四、五十年の昔を振りかえってみても、今の三分の一の幸福もこの島にはなかった」と語っている。確かにそのとおりだと私も思う。奄美大島の農民たちの憂鬱はあまりにも長かったのだ。本土の人間には、その島の人たちの痛みがわからないのである。

昭和二七(一九五二)年八月三十日、私は奄美の近くの宝島にいた。島の周囲の海は美しく、船着場の岸辺には、小さな色とりどりの熱帯魚が泳いでいるのが珍しかった。それを手ですくって小瓶に潮水と一緒に入れて、鹿児島の知人への土産にした。そして二日余の船旅を終えて鹿児島に着いたとき、その魚の入った瓶を見たら、みんな死んでいた。窒息死か餌不足だったらしい。管理が下手

港の別れ(宝島 1980年8月18日)

だったのだ。哀れと思ったが、油で汚れた港の海に捨てた。密航の疑いで警察に捕まったのはその直後である。

その頃、東京でも奄美復帰の運動が進められていた。しかし東京にいる大和人にとっては、あまり実感はなかったようだ。後で聞いた話であるが、銀座などで復帰の署名運動をしていると奄美という字が読めない人もいて、「エンミってどこにある島か」などと尋ねる人もいたらしい。

そこで表現を変えて「大島群島復帰」としたらしいが、これがまた伊豆の大島とか、山口県の周防大島などと混同されて困ったという。そのくらい奄美大島は大和の人間にとっては縁の遠い存在だった。奄美ではその頃、断食などして復帰運動に懸命だった。昭和二八（一九五三）年十二月二五日、日本復帰を果したとき、本土の各新聞はこれを一面で大きくとりあげたので、大和人はあらためて奄美大島の存在を知ったと思う。奄美はこれまでのアメリカ支配から日本国支配へと変る。島民たちは、これまで手をこまねいて復帰を待っていたわけではない。それまで、口に出せぬほどの困難な運動を続けてきた結果なのである。

奄美復帰の記事を飾った各新聞の中で、私がいちばん印象に残った写真がある。毎日新聞の二十五日の復帰の記事の中で、一面を半分するほどの大きな写真をのせていた。それは一人の少年が棒の先に日の丸の旗を結びつけて、浜辺を走っていく姿である。日の丸が大きくはためいて、日本になった、という感動がこの一枚の写真の中にこめられている。

間違いなく奄美は日本に復帰した。それは暴力ではなく、会話と説得によって、自分たちの団結の力で獲得した成果である。島津支配から四百年、アメリカ支配の八年間、その間に奪われた島の人たちの自由を自分たちの力で勝ちとった意義は大きい。これは奄美人のもっている智性の勝利なのである。

あとがき

原井一郎は、戦後奄美の復帰運動史を自分史と重ね合わせながらたどり、本書を著わした。奄美の復帰運動史は、米軍の軍政下という逆境に立ち向かう奄美民衆が民族運動を高揚させ「復帰をかちとった」運動として記憶され記録されている。だが、本書で原井が執拗にこだわるのは、奄美の「日本復帰」によって生まれた〈国境二七度線〉である。この国境線は、奄美の「日本復帰」によって誕生し、一九七二年の沖縄の「日本復帰」によってすでに消え去っている。その消え去った国境線に原井はなぜ執拗にこだわるのであろうか。この国境線は、奄美群島と沖縄の民衆が同じ琉球弧に暮らす同胞としてつながっていたその結びつきを断ちきり、両者のあいだに深い亀裂を入れ、激しい憎悪と敵対の感情を惹起したからである。琉球弧民衆を切り裂いた刃は、二七度線が消え去ったいまも、原井の心に深く突き刺さったとげのようにして居座り続けている。

原井の痛みと怒りは、奄美群島と沖縄諸島をふくむ南島地域を周辺化し、さらには南島の住民たちを引き裂いたまま置き去りにして戦後復興を遂げていった戦後日本の体制と日本国家へと向けられる。〈国境二七度線〉とは、戦後日本の国家が琉球弧を切り裂いた刃なのだ。

酒井卯作は、一七～一九世紀に薩摩藩の支配下で、年貢の厳しい取り立てや黒糖の収奪という圧政に苦しみ、災害による飢餓を経験した奄美諸島の民衆の過酷な生活を詳細に描き出し、権力者の支配に呻吟し、その圧政に抵抗した奄美の民衆の悲惨な歴史を語ると同時に、その圧政に抗する農民のしたたかな強訴の闘いを紹介することによって、大和国家による南島の収奪に無知な「大和人の不作法」を告発する。

斉藤日出治は、奄美群島、沖縄諸島を一つに結ぶ琉球弧民衆の暮らしが〈国境線の政治〉によって裁断され、この地域が近代国家の植民地として、帝国主義戦争の道具として利用され破壊された歴史をふりかえると同時に、その歴史に抗して自治と自律の暮らしをうちたてるために闘う琉球弧民衆の息吹を伝えることによって、原井の怒りに呼応する。

＊＊＊＊＊＊＊＊＊＊＊＊＊＊＊

だが、原井は、〈国境二七度線〉という思考回路を通って、さらに深い地平へとその歩を進めているように思われる。

国境線が切り裂いたもの、それは南島の同胞のきずなであると同時に、南島の同胞が自然と不可分に築き上げてきた精神文化、生と死の融合した死生観である。日本の近代国家は、国家よりもはるかに広大で深遠なこの南島の精神文化をうち砕いた。近代国家による先近代的世界の精神文化の破壊を植民地主義と呼ぶならば、原井が〈国境二七度線〉に読み取ったものは、ほかならぬこの植民地主義である。

原井は、現在、京都大学による奄美人の人骨盗掘に抗議し、その遺骨の返還を求める運動に取り組んでいる。京都帝国大学医学部の清野謙次率いるグループは、戦前に奄美群島から二六〇体あまりの遺骨を盗掘し、日本人のルーツを解明するために頭蓋骨の分析を行った。この奄美の盗掘は、奄美住民のアイヌに対する差別意識を利用して、琉球人こそが日本人のルーツであることを立証するというかけ声のもとに行われた。人骨の学術研究は人種主義イデオロギーを正当化し、人種差別を根拠づける知としてその役割を果たしたのである。

戦後、京都大学は、その盗掘した遺骨を資料室に収蔵したまま現在に至っている。現在、京都大学には、沖縄島七二体、奄美群島二六三体の遺骨が収蔵・保管されている。原井は「京都大収蔵の遺骨返還を求める奄美三島連絡協議会」を結成し、京都大学との交渉、遺骨が盗掘された現地での説明会、シンポジウムの開催などに奔走している。

この活動と合わせて、原井は、奄美の民衆に古くから根づいている死者を弔う固有の営みを探究し、その営みのなかに近代世界が喪失した独自の死生観を発見する。奄美には、岩穴や洞窟に遺体を安置して風にさらす風葬という葬法がある。この葬法は、遺骨を慈しみ、生者が死者を思い、死者と交流しつつ死者を懇ろに弔う南島に固有な伝統的精神文化を表わしている。そのような精神文化からすると、近代における火葬という葬法は、死者の肉体をさいなみ、生者との繋がりを断ち切る残酷な葬法として、奄美群島では近代になって火葬を導入するに際して、住民の強い抵抗に遭った。

原井は、喜界島の島民がムヤ（喪屋）という洞窟に遺体を安置する葬法を知って、そこに深い畏敬の念を抱く。生と死、人間界と異界、人と自然が不分明なままに交流しあうこの精神世界に対して、近代文明は、この両者に深い仕切りを入れ、死や異界や自然を排除し、それらを支配の対象に収めてしまった。奄美群島における死者と遺骨は、この地域に悠久の時間を通してはぐくまれてきたこの精神文化に包まれ、この精神文化と一体のものとして存在した。

京都帝国大学の研究者は、その遺骨を盗み出して、それを学術的知の対象と化した。この行為はそれ自体が、奄美群島に深く根づいた精神文化を破壊する暴力であり、その精神文化の尊厳を踏みにじる行為にほかならない。植民地主義とはこのことを言うのだ。

原井の〈国境二七度線〉に対するこだわりと怒りの深淵には、この奄美に潜む悠久の精神文化に対する深い憧憬と愛着が潜んでいる。そして、その精神文化を破壊するものに対する深い憤りがある。

だが、原井は、京都大学の奄美人人骨を奄美人に返還する運動に取り組むなかで、奄美の民衆の社会意識に微妙な変化が生じていることにも着目している。奄美の遺骨収集地の地元住民は、遺骨の返還に懐疑的で消極的な態度を見せたからである。「返還された遺骨は誰が面倒を見るのか」「先祖が誰かわからない遺骨を今更返還されても困る」、と。奄美住民のこの遺骨に対する冷淡な反応を、原井はこう解き明かす。風葬の洞窟のムヤは戦時中に防空壕として利用された。そのために、遺骨は持ち出され、野ざらしにされ、無縁仏と化した。さらに、戦後の家制度、過疎化による村ぐるみの葬儀の衰退、火葬という近代的葬法の浸透などが、奄美民衆を包み込んでいた精神文化から奄美民衆を引きはがす。

原井はここにも、〈国境二七度線〉の刃を見抜く。この刃が奄美の民衆の暮らしにまで密かに浸透し、風葬と一体となった南島の精神文化を破壊する暴力を行使しているのだ、と。〈国境二七度線〉は、奄美の精神文化と不可分であった奄美民衆を、その精神文化の破壊者へと仕立て上げていく暴力を行使したことを、原井は鋭く見抜くのだ。

それでは、この精神文化を担った当の南島の民衆にさえ見捨てられ過去の亡霊となったかのような奄美の精神文化は、民俗学者や人類学者の研究対象であっても、もはや現代とは無縁な遺物にすぎないのであろうか。この精神文化に対する原井の執着は、たんなる妄想にすぎないのであろうか。

否である。この精神文化を切り捨てて全地球を覆い尽くした近代世界が、こんにち破局的な危機に直面しているからである。気候変動や核戦争によって、地球と人類が破局に追いやられようとしている。近代世界が生み出した資本という怪物がいよいよ制御不能な暴力を発動して、世界の終末を予見させている。この時代に、国境線を問いつつ、原井がたどりついた奄美群島の精神世界は、けっしてうち捨てられた過去の遺物などではない。それはむしろ、近代世界が誘発する破局的危機から脱して新しい未来を照らし出す貴重な灯明なのだ。かつて民俗学者や人類学者によって学問的知の対象として考察されてきたこの精神文化は、いまや危機にある近代文明のオルタナティヴとして、わたしたちがみずからの生活と文明のあり方を問い直す貴重な手がかりとしてたちあらわれている。原井はこの未来の灯明を求めて新しい旅に出立しようとする。だから、原井の旅は本書で終わらない。本書は、国境線のない、近代世界の彼方へと向かう遠大な旅の序曲なのだ。本書は、読者とともに、その旅立ちを決意する宣言の書でもある。

二〇一九年十月

斉藤 日出治

付記：京都大学に対する奄美人骨の返還運動、および喜界島の風葬に関しては、原井の論考『風葬——蘇生の祈り　南島人の死生観と京都帝国大学の遺骨蒐集』二〇一九年八月、を参照した。

著者略歴

原井 一郎（はらい いちろう）

1949 年、徳島県生まれ。奄美の日本復帰後、奄美大島・名瀬へ。地元日刊紙の南海日日、大島新聞記者・編集長。雑誌 Lapiz ライター。ジャーナリスト。奄美市名瀬在住。
主な著書
『奄美の四季』(農文協 1988 年)、『苦い砂糖』(高城書房 2005 年)、『欲望の砂糖史』(森話社 2014 年) 他。

斉藤 日出治（さいとう ひではる）

1945 年生まれ。社会経済学・現代資本主義論専攻。名古屋大学大学院経済学研究科博士課程単位取得退学。元・大阪産業大学経済学部教授、大阪労働学校・アソシエ学長。
主な著書
『グローバル化を超える市民社会』（新泉社 2010 年）、『帝国を超えて–グローバル市民社会論序説』（大村書店 2005 年）、『空間批判と対抗社会』（現代企画室 2003 年）、『国家を越える市民社会』（現代企画室 1998 年）他。

酒井 卯作（さかい うさく）

1925 年、長崎県西彼杵郡西海町（現・西海市）生まれ。民俗学者。1950 年坪井洋文とともに民俗学研究所の研究員となり、柳田国男と出会う。南島研究会や稲作史研究会などの旅で、柳田のカバン持ちとして同行、薫陶を受ける。南島研究会主宰。
主な著書
『稲の祭』(岩崎書店 1958 年)、『琉球列島における死霊祭祀の構造』（第一書房 1987 年 第 28 回柳田賞受賞)、『琉球列島民俗語彙』編著（第一書房 2002 年)、『柳田国男と琉球「海南小記」をよむ』（森話社 2010 年）他。

国境27度線
南島叢書98

2019年11月20日　初版発行

著　者　原井一郎・斉藤日出治・酒井卯作
発行者　作井文子
発行所　株式会社 海風社
〒550-0011　大阪市西区阿波座1-9-9 阿波座パークビル701
TEL　06-6541-1807

印刷・製本　モリモト印刷株式会社
装幀　ツ・デイ

ISBN978-4-87616-061-7 C0321

南島叢書刊行に際して

今日の出版・文化状況に欠落しているものは何か。明治百年の近代に限っていえば、それは、明らかに被抑圧者側からの真実の声を不当に封殺したまま埋もれさせつづけたことです。未解放部落、在日朝鮮人、辺境としての東北・アイヌ・南島など、近代的な日本語文脈がとりのこしてきた闇の領域です。

小社は、このような状況を明確に認識したうえで、まず、南島（奄美・沖縄・宮古・八重山）に目を向け、南島からの視点をとりこむために、〈南島叢書〉を企画しました。

〈南島叢書〉は、本土と南島とのはざまを架橋し、むしろ日本の文化の総体を活性化するために、南島に関わる文学・思想・運動・研究の現在を伝え、南島を表現した過去の文学および南島論（研究）を未来に向けて批判的に継承しようとする試みです。

この百年を振り返ってみれば、たしかに、南島に関する各種の出版がなかったわけではなく、いくつかのすぐれた名著を大きな文化遺産として私たちはもっていますが、ただかつて、一度たりとも「叢書」の名のもとに俯瞰されることはありませんでした。小社は、このような背景を承知しつつ、過去の先達たちの仕事を継承していくために多くのすぐれた業績を集大成していきます。

南島への関心が高まりつつある今日、〈南島叢書〉は、多くの読み手と共に、さまざまな問題を根源的な方向に深めていきたいと考えています。中央志向でもなく、無自覚的な郷土礼讃でもなく、日本的な近代文脈が果たしえなかった南島の位置づけを求めて、独自の発想と新鮮な企画で、多くのすぐれた図書を刊行していきます。ご愛読ください。

一九八四年八月